중세 동·서 문화의 만남

아시아아메리카문제연구소총서 1

중세 동·서 문화의 만남

고혜선 · 김명준 · 김승기 · 김철웅 · 윤선미 · 임병필

단국대학교출판부

머리말

2004년 역사학, 국문학, 아랍문학, 스페인문학을 전공하는 몇 명의 소장학자들은 9세기에서 13세기까지 지구의 양 끝단인 한반도와 이베리아반도에서 유사한 형식의 시가가 등장했다는 것에 관심을 갖기 시작했다. 한반도의 경우, 흔히 고려가요로 일컬어지는 시가는 전대인 신라의 향가나 후대의 시조와는 전혀 달리, 사랑과 이별이라는 주제를 갖춘 서정적 노래였고, 아랍의 지배하에 있던 이베리아반도 역시 사랑과 이별을 주제로 한 노래가 유행하였다.

물론 인류가 존재하는 한 영원한 명제인 사랑에 대한 노래는 많은 지역에서 불려왔으며, 사랑 중에서도 더욱 애절한 사랑이 이루지 못할 사랑이라면, 이별에 대한 노래는 늘 있었을 것이고, 앞으로도 영원히 존재할 것이다. 그러나 그리스도교와 이슬람교가 지배하던 중세의 지배층들은 적나라한 표현이 절제된 순수한 사랑, 신에게 바치는 종교적 성격, 민중에게 교훈을 주는 성격의 시가를 지을 수밖에 없었으며, 그러한 사정은 한반도 역시 예외가 아닐 것이다. 즉 고려시대의 한반도 귀족계급은 차마 이런 노래를 부르지 못하고 사랑에 대한 적나라한 표현을 담은 시는 민중을 중심으로 전래되었을 가능성이 있다. 반면, 어떤 지역, 어떤 시대에는 그러한 서정시가 당당히 햇빛을 본 경우도 있을 것이다. 이러한 차원에서 본다면, 이것은 단순한 시대적 우연의 일치로 치부될 수 있는 사안이며, 연구할 가치조차 없다는 비판에 직면하게 된다.

그러나 양 지역에서 이 시가가 유행했던 시대가 동시대이며, 여성을 화자로 택했다는 점, 이별을 노래했다는 점, 자국의 시문학사에서 전대와 후대와는 전혀 다른 이질적인 형식과 주제를 가졌다는 점은 양 지역 간에 어떤 교류가 있었을 가능성을 제시하는 것으로도 볼 수 있다. 교류가 있었다면 그 교류의 주체는 인간이었을 것이고, 그가 속한 집단에서 즐겨 부르던 노래를 타 지역에 가서도 부를 수 있고, 그 노래를 들은 사람들이 자신들의 언어로 유사한 형식의 노래를 지어 부를 수도 있다는 가능성은 존재하지 않겠는가?

지구상에 인류가 등장한 이래 타 지역으로의 이동은 필연적인 것이었다. 인류는 좀 더 살기 좋은 환경을 찾아 길을 떠났고, 정착했으며, 때로는 전쟁과 같은 외적 요인으로 인해 대대로 살아왔던 터전을 버리고 타 지역으로 이동할 수밖에 없었다. 먼 옛날 아프리카를 떠나온 초기의 인류가 아라비아반도에서 일부는 북쪽의 카스피해를 넘어 유럽으로, 일부는 인도로, 일부는 북부를 지나 동북아와 베링해를 넘어 아메리카의 남쪽을 향했고, 나머지는 인도양의 도서지방을 경유해서 남태평양의 폴리네시아를 거쳐 남아메리카로 향했다는 것은 이미 분자생물학적 차원의 분석을 통해 객관적으로 인정받는 설이다.

기원 후에도 인류의 이동은 늘 존재해 왔다. 서기 5세기에 유럽 북부가 고향이었던 게르만족이 날씨가 온화한 남쪽을 향해 집단적으로 이주했다. 이들은 새로운 정착지에서 자신들의 고유한 삶의 방식을 새로운 문화에 접목했고, 이들이 정착한 지역의 원주민 역시 게르만족 문화의 영향을 받지 않을 수 없었다. 일례로 스페인어의 맥주는 cerveza이고, 이 단어의 기원은 켈트어인 cerevisia에서 유래했다는 것이 학계 다수의 의견이다.

문화 중에서도 특히 음악과 춤은 상호간에 많은 영향을 준다. 그것은 이들 장르가 언어가 필요 없는 감정 표현 수단으로 서로를 이해하는 데 장애가 없기 때문이다.

영원한 자유인들로 불리는 집시들의 궤적 역시 하나의 집단 이동이다. 6세기경부터 수공예와 상업에 종사하면서 인도와 파키스탄의 경계 지역인 신드 지방을 중심으로 거주하던 이들은 11세기 초부터 15세기 초까지 아프가니스탄과 몽골의 징기스칸, 타무르랭의 침략으로 대거 소아시아로 이동하며, 그곳에서 일부는 카스피해안의 남단을 따라 유럽으로 이동하고 15세기에는 이베리아반도로 이주한다. 또 다른 일부는 북아프리카를 거쳐 바다 건너 이베리아반도로 이주한다. 이들은 당시 이슬람, 그리스도교, 유대교의 문화가 공존하던 안달루시아 지방에 대거 정착하게 되어 현재에 이르며, 이들의 등장으로 태동한 것이 플라멩코이다. 플라멩코 가락과 춤사위가 인도와 아랍을 연상시키는 것은 결코 우연이 아니다.

21세기에도 인류의 이동은 진행 중이다. 좀 더 나은 환경을 찾아, 혹은 피치 못할 사정으로 고향을 등지고 타 지역으로 떠나 사는 사람들의 숫자는 결코 줄어들 수 없다. 이들은 새로 정착하는 지역에 자신들만의 공동체인 디아스포라를 형성하고, 자신들의 문화를 보존하려고 노력한다. 그러나 세월이 흐름에 따라 이들의 문화는 현지 문화의 영향을 받고, 현지 문화 역시 이들의 영향을 받게 된다. 일례로, 한국인이 대거 진출한 지역에서 '김치', '태권도', '불고기', '노래방'은 더 이상 외래어가 아니다.

그렇다면 중세에 거의 유사한 주제와 형식의 시가가 꽃핀 한반도와 이베리아반도 간에 어떤 교류가 있었단 말인가? 당시의 운송 수단을 본다면, 양 반도 간에 직접적인 교류, 혹은 대량 이주는 불가능했을 것이다. 그러나 경주 괘릉에는 8세기에 제작된 페르시아인의 모습을 한 석상이 있고, 9세기에는 처용이라는 서역인의 신라 정착이 기록되어 있다. 이것은 페르시아인들과의 직접적인 접촉이 없었다면 불가능한 일로서, 어떤 형태로나마 신라와 서역 및 페르시아인들의 교류는 존재했을 것이다. 또한 원의 영향 하에 있던 고려 중반부터 색목인들이 집단적인 거주지를 형성해서 정착했다는 사실은 한반도가 동서교류사에서 배제되어 있던 것이 아님을 분명하게 말해주는 것이다. 한편 이베리아반도의 경우에는 이슬람의 직접적인 지배를 받았고, 많은 아랍인들이 정착을 했으므로, 이들 문화가 직접적으로 영향을 주었음은 주지의 사실이다.

소장학자들은 바로 이 점에 주목했다. 양 지역이 직접적인 교류는 없었다 하더라도, 한반도인이 페르시아 혹은 서역, 아랍과 같은 문화권 사람들과 지속적인 교류를 했을 가능성은 있지 않겠는가? 즉 이들의 문화를 매개로 양 지역이 문화적 차원에서 간접 교류를 했을 가능성은 있지 않겠는가?

이 책은 바로 이러한 가능성에 대한 소장학자들의 교류 역사 살펴보기이다. 이들은 당시의 세계 교류가 어떻게 진행이 되었으며, 문화의 전파는 어떤 양상으로 전개되었는가를 어느 특정 지역을 중심으로 기술하지 않고, 전체적인 구도에서 조명하고 있다. 동양과 서양의 교류가 실크로드라는 육로를 통해 아라비아 대상들을 중심으로 이루어졌으며, 실크로드가 장안에서 끝나는 것이 아니라 그 파장은 동쪽 끝의 신라와 일본에 미치고, 서쪽 지역 역시 로마에서 끝나는 것이 아니라 이베리아반도까지 그 영향이 미치고 있다는 것이 수 년에 걸친 이들의 연구 결과이다.

인문학은 꿈을 먹고 크는 학문으로, 상상의 나래를 펼치고, 그 상상이 사실임을 입증해 가면서 발전하는 학문이다. 소장학자들의 꿈이 또 다른 꿈을 낳는 계기가 되기를 바란다.

차 례

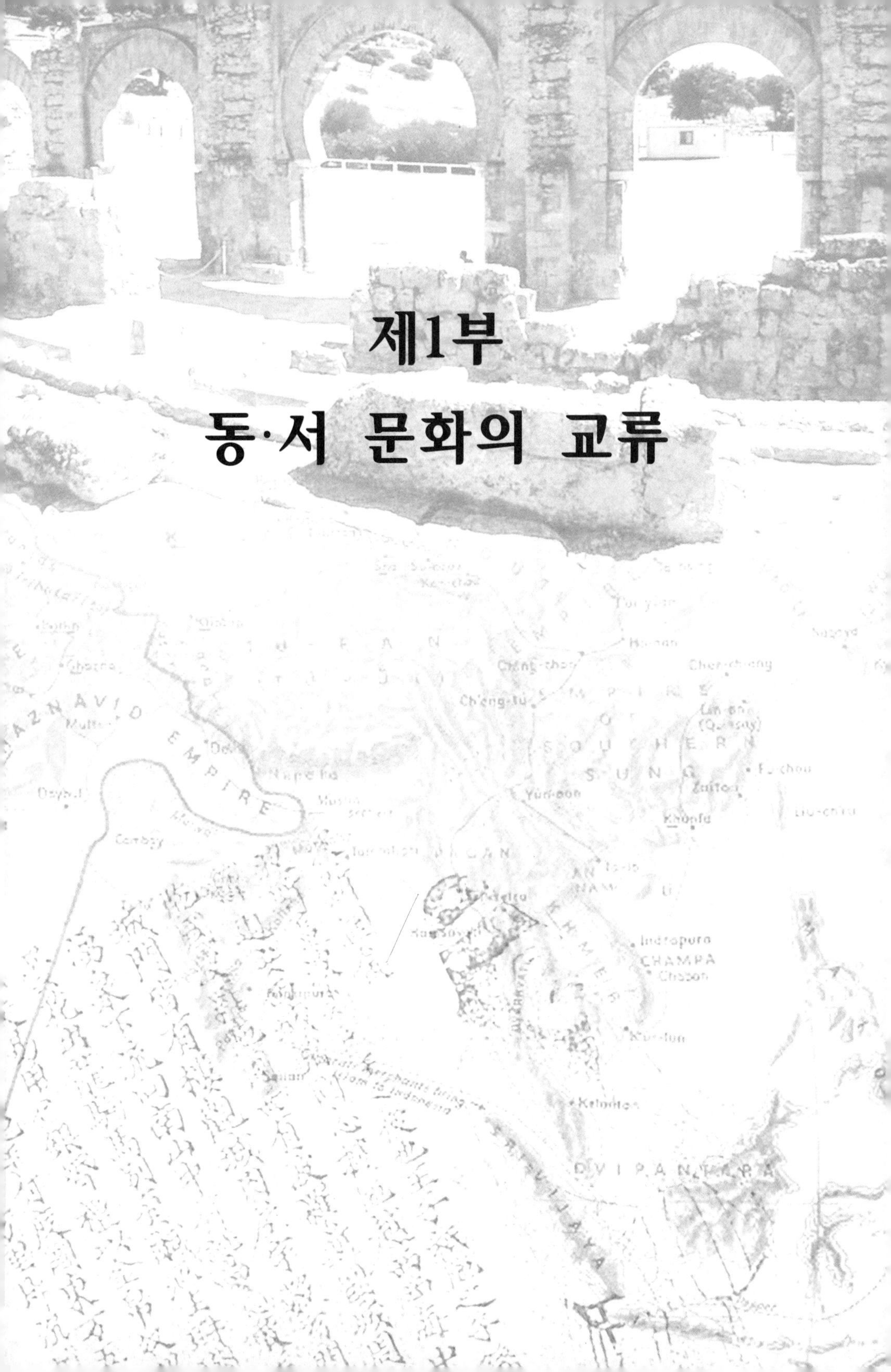

제1부

동·서 문화의 교류

1 문화와 문화 교류

1. 문화와 문명

오늘날 '문화'라고 하면 인간의 창조적인 정신 활동, 즉 예술의 산물로 받아들여지고 있다. 그러나 '문화(文化, Culture)'의 의미는 역사적으로, 또는 지역에 따라 다양한 변천을 거쳐 왔다. 이 때문에 '문화'를 정의하는 것은 그리 쉬운 일이 아니다. 그렇지만 먼저 '문화'의 어의를 추적해보는 것으로 개념 정리를 시작해보고자 한다.

'문화(文化)'는 'culture'를 옮긴 것으로, 근대에 들어 일본에 의해 시작되었다. 따라서 '문화(文化)'의 개념을 이해하기 위해서는 'Culture'의 의미를 살펴볼 필요가 있다. 'Culture'의 어원은 라틴어 'cultus'인데, 그 동사인 'colere'는 '(땅을) 경작하다'라는 뜻이었다. 영어에서도 15세기까지 이러한 뜻이었는데, 토머스 모어(1478~1535)가 비유적으로 '인간 정신의 경작'을 말했다. 이에 따라 문화는, 인간의 행동과 정신을 수련하는 것이라면 교양이 되고, 인간이 살아가기 위해 토지를 경작한다는 것을 어원으로 생각하면 인간의 생활 전체를 가리키는 말이 된다.

이렇듯 어의를 통해 보면 'Culture'는, '(땅이든 생활이든) 자연 그대로의 것에서 벗어나 인위적으로 만들거나 가꾸는 것'이다. 따라서 문화는 인간이 창조한 것, 그리고 자연 상태를 벗어난 것이다. 그러므로 문화는 인간의 생활이 자연 상태와 가까운 미개나 야만과 구별된다. 즉 문화는, 집단을 형성하는 인간이 창출한 모든 산물, 인간을 동물로부터 구분시켜 줄 수 있는 행위와 산물의 총체를 가리킨다. 따라서 문화는 인간의 등장과 함께 한다.

근대에 들어 '문화'의 개념에 명확한 정의를 내린 사람은 영국의 타일러(Tylor, 1832~1917)였다. 그는 1871년에 출판한 『원시문화』(*Primitive Culture*)에서 문화에 대해 다음과 같은 정의를 내렸다. "문화 또는 문명이란 넓은 민족지(民族誌)적인 의미에서 지식 · 신앙 · 예술 · 도덕 · 법률 · 관습 등 무릇 인간이 사회의 구성원으로서 획득한 능력이나 습성의 복합적 전체이다." 또한 휘슬러(Wissler, 1870~1947)는 "문화 현상은 학습에 의해 획득한 일체의 인간 집단 활동의 복합체이다."라고 정의하였다. 레비 스트로스(Levi-Strauss, 1908~1991)는, "문화에는 도구, 제도, 관습, 가치, 그리고 언어 등이 포함된다."는 정의를 내린 바 있다. 그리고 화이트(White, 1900~1975)는 "문화란 상징화－상징하는 것에 의존하는 사물이나 사상(事象)－를 총괄하는 유개념(類概念)이다."라고 말했다. 이처럼 오늘날 문화인류학자들은 '문화'를 사람들의 생활 양식 전체를 가리키는 넓은 의미로 사용하고 있다.

그런데 '문화(文化, Culture)'는 문명과 혼동되어 사용되기도 한다. 독일에서는 Kultur(문화)를 Civilization(문명)과 대치해서 사용한다. 영국과 미국, 프랑스, 이탈리아에서는 통상 Civilization이라는 말을 사용하며, Kultur와 어원이 같은 Culture는 그다지 사용하지 않는다.

Kultur와 Culture는 모두 라틴어에서 왔다. 이 말은 토지 경작, 동식물 배양, 정신 수양 등의 뜻을 갖고 있다. 이런 의미 중에서 독일은 Kultur를 정신문화, 구체적으로 종교문화를 가리키는 것으로 사용한다. 그러나 영국과 프랑스에서 Culture는 단지 경작, 배양, 수양의 뜻만 취하며, 광의의 문화는 Civilization이라는 말로 대신한다. Civilization은 본래 정치나 법률생활과 관계가 있다. 즉 라틴어 'civis'는 시민을 뜻하며, 'Civilization'은 '시민으로 만드는 일'을 의미한다.

즉, 독일인에게 Kultur는 정신적 문화 개념(종교, 철학, 과학, 예술 등의 지식 생활)이라면, 영국인과 미국인의 Civilization은 사회적 문화 개념(정치, 법률, 경제, 교육 등의 사회생활)이다.[1)]

한편, 문명을 보편적인 것, 문화를 개별 · 특수적인 것으로 간주하는 경향이 있다. 이 같은 경향은 문명을 문화보다도 크고 포괄적인 것으로 보는 경향과 일치한다. 확실히 고대 이집트문명, 그리스문명, 중국문명 등의 이름으로 불리는 것은 거대하다.

이렇듯 문화와 문명이라는 말은 종종 혼용되거나 정반대로 파악되기도 한다. 또한 사람에 따라 용법이 달라지기도 한다. 문명 속에 예술이나 학문과 같은 정신적인 부분이 있다고 생각하고, 그 부분만을 문화라 부르는 사람도 있고, 반대로 문화를 넓게 파악하고 그 속의 물질적이고 고도의 또는 도시적인 부분을 문명이라고 부르는 사람도 있다. 문화와 문명의 혼용 사례는 토인비에서 잘 엿보인다.

토인비는 『역사의 연구』에서, "우리가 '사회'라고 부르는 한 무리의 동종 공동체-그것은 문명의 이름으로 알려져 있는 특수한 종류의 사회-야말로 '이해 가능한 연구 영역'이라는 가정을 세웠다."고 밝히고 있다. 그리고 서론에서 책의 서술 목적을 "21개 사회의 조직적인 비교

1) 朱謙之, 전홍석 역, 『문화철학』, 한국학술정보, 2007, 54~56쪽.

연구"라고 밝히고 있다. 그가 말하는 21개 사회는 서유럽사회, 그리스 정교사회, 그리스도교사회, 이란사회, 아랍사회, 힌두사회, 동아시아사회, 헬라스사회, 시리아사회, 인도사회, 중국사회, 미노스사회, 인도사회, 수메르사회, 히타이트사회, 바빌론 사회, 이집트사회, 안데스사회, 멕시코사회, 유카텍사회, 마야사회 등이다. 그리고 문명 중에서 7개는 아직 살아있고 14개는 절멸했다고 하였다. 〈세계국가 제1세대의 모든 문명〉은 미노스문명, 이집트문명, 수메르문명, 인더스문화, 은문화이며, 〈세계국가 제2세대의 모든 문명〉은 헬라스문명, 히타이트문명, 시리아문명, 바빌로니아문명, 인디아문명, 중국문명이라 했다. 그는 현재에는 서유럽 그리스도교사회, 동남 유럽과 러시아 정교 그리스도교사회, 이슬람사회, 힌두사회, 동아시아사회 등 '사회'라고 이름 붙인 어떤 종류의 '인간 집단', 이와 같은 사회가 5개 존재한다고 하였다. 이처럼 토인비는 인간 집단(사회), 문화, 문명을 구분하지 않는다.

그런데 슈펭글러(1880~1936)는 막연한 구별에 그쳤던 이 '문화'와 '문명'이라는 두 낱말을 엄밀하고 필연적인 유기적 연속의 표현으로 사용하였다. 슈펭글러는 "모든 문화의 본질은 모두 종교적이다. 왜냐하면 문명의 본질이 비종교적이기 때문이다."라고 구분했다. 그는, "문명이란 한 문화의 불가피한 운명이다. 문명이란 고도의 인종이 가능케 하는, 가장 외적이고 또 가장 인공적인 상태이다. 문명이란 종결이다. 문명은 이루어진 것에 뒤이은 이루어진 것이고, 삶에 이은 죽음이며, 발달에 이은 응결이다. 문화에서 문명으로의 이행은 그리스 · 로마에서는 BC 4세기에, 서양에서는 19세기에 완성되었다. 현대는 문명시대이지 문화시대가 아니다. 우리가 전성기 문명의 초겨울 인간으로 태어나고, 페이디아스나 모차르트 시대의 성숙한 문명의 정상에 태어나지 않았다는 것은 바꿀 수 있는 일이 아니다."고 하였다. 그러면서 인도문화, 그리스 · 로마

문화, 아라비아문화, 서양문화, 이집트문화, 중국문화로 구분하고, 이를 문화 전기－문화－문명 등으로 이어지는 것으로 설명했다.[2)]

한편 근대 동아시아에서 말하는 '문화'는 또 이와는 좀 달랐다. 동아시아에서 '문화'라는 어휘는 일본에 의해 널리 유포되었다. 일본은 'Culture'를 '문화(文化)'로 번역했다. 그리고 드물게는 '문명개화'의 축약형으로 사용하였다. 다이쇼시대(1911～25)에 들어 갑자기 '문화'가 빈번히 사용되었는데, 대략 두 가지 의미로 쓰였다. 하나는 문명과 거의 같은 의미로서, 특히 일상생활에서 서양의 요소를 가리켜 '문화'라 부르는 경향이 있었다. 또 다른 하나는 '문화'는 교양이나 지성을 의미하였다. 즉 물질적인 측면이 아니라 학술 · 예술과 같은 분야를 가리키는 말이었다.

이렇듯 문화는 사람에 따라, 그리고 지역과 시대에 따라 용법이 달라진다. 그리고 문화와 문명이라는 말은 종종 혼용되기도 한다. 그러나 문화인류학자들은 대체로 '문화'를 사람들이 창조하고 영위하는 생활양식을 가리키는 의미로 사용하고 있다.

이 책에서는 특별한 주석이 없는 한 '문화'로만 서술할 것이며, '인간집단의 유 · 무형의 생활양식'이라는 뜻으로 사용할 것이다.

2. 문화의 속성

'생활양식'인 문화는 공동체 일원이 갖추어야 할 교양이다. 따라서

2) 슈펭글러, 박광순 옮김, 『서구의 몰락』, 범우사, 1995. 이하 슈펭글러의 주장은 이 책에 근거했다.

문화는 교육을 통해 전수된다. 그리고 개인은 교육을 통해 문화 전통을 받아들이고 이를 내면화한다. 따라서 문화는 지속되고 보존되어야 하는 '전통'이다. 그리하여 문화는 일정한 공간(문화권)을 차지하며, 시간(세대)의 지속성(역사성)을 갖는다. 그렇다고 문화가 고정 불변한 것은 아니다. 문화는 이전 문화와 단절하기도 하고 새로운 것을 창조하기도 한다. 문화는 하나의 생명체처럼 태어나고 성장하고 늙으며 사라진다. 그러면서 다시 새로운 문화로 재탄생한다. 따라서 문화는 공동체 안에서 여러 문화 요소가 중첩되는 모습을 갖게 된다. 이러한 문화의 특성을 좀 더 살펴보면 다음과 같다.

1) 자문화중심주의

인간은 문화의 지배를 받는다. 인간은 사회적 동물로서 공동체를 떠나 살 수 없다. 공동체는 그 나름의 보편성과 고유성을 갖고 있다. 공동체의 일원으로서 인간은 생활방식, 철학, 종교, 법률 등 공동체의 관습·가치를 공유한다. 따라서 문화는 공동체의 수만큼 존재하며 문화의 차이는 필연적이다. 그런데 공동체의 동질성을 강조하면 타문화에 대해 폐쇄적일 수밖에 없다. 또한 문화는 다른 문화를 지배하려고 하며 문화 간에 충돌을 일으킨다. 이러한 충돌의 기저에는 중화사상, 화이관, 팍스로마나 등의 사고가 자리 잡고 있다.

사마천은 『사기』를 중국의 관점에서 서술하고 있다. 중국은 고도의 문화국이고, 이웃한 나라들은 중국에 조공을 바치는 속국이자 미개한 야만국으로 묘사된다. 그러나 실상은 전혀 달랐다. BC 198년에 중국과 흉노가 맺은 강화협정은, 한나라 황제가 흉노 지배자에게 공주를 시집보내고 황금과 비단 등을 해마다 조공으로 바치는 것을 화친의 조건으로 규정했다. 이처럼 흉노의 군사력이 우세했음이 분명한데도 중국의 역사가들은 흉노를 제후국 정도로 다루고 있다.

한편 불교는 늦어도 서기 1세기에 중국에 전래되었고, 당(唐)이 성립된 618년에는 중국에 완전히 흡수되어 있었지만, 일부 사람들은 중국의 병폐를 불교 탓으로 돌렸다. 한 예로, 한유(768~824)는 외래 종교인 불교 때문에 백성이 더욱 곤궁하게 되며, 중국의 풍속을 해치므로 불교를 배척해야 한다고 주장했다.

중화사상에 의한 중국의 자문화중심주의는 근세까지 이어졌다. 이를 가장 잘 보여주는 사례는 청의 건륭제가 1793년에 영국왕 조지 3세에게 보낸 친서일 것이다. 건륭제는 친서에서 이렇게 말하고 있다.

> 귀하는 바다 건너 먼 곳에 있으면서 우리 문명의 혜택을 받고자 하는 충정에서 사신을 통해 정중히 청원서를 보냈다. 만일 천자의 조정을 우러러 사모하는 마음에서 우리 문명을 배우고자 하는 희망이라면, 청조에는 나라 자체의 예법에 있어 귀국과는 전혀 다르므로, 설령 귀국의 사신이 우리 문화를 익혔다 하더라도 도저히 우리 풍습을 귀하의 이국 풍토에는 이식할 수 없다고 말할 수밖에 없다. 그러므로 사신이 아무리 그 풍습에 익숙해진다 해도 그로 인해 얻는 것이라고는 아무 것도 없을 것이다. … 귀하가 바친 공물을 받도록 명한 것은, 먼 길을 무릅쓰고 헌상하려는 귀하의 그 성심을 받아들인 데 불과하다. 우리 천조의 도덕과 의리는 온 세상에 널리 퍼져 만국의 왕이 육로와 해로를 거쳐 귀중한 공물을 헌상해 왔다. 귀하의 사신도 직접 목격했듯이 짐은 온갖 것을 다 소유하고 있다.

한편, 고대 그리스인들은 헬라스세계에 속하는 인간과 그렇지 않은 인간, 즉 헬라스인과 '바르바로이(야만인)'로 구분했다.

그리고 '실크로드'라는 용어 역시 자문화중심주의의 소산이다. '실크로드'라는 명칭은 중국 비단이 서방으로 수출한 데서 유래되었을 뿐만 아니라, 로마제국에서 큰 인기를 얻은 진귀한 물품이었기 때문에 붙여진 것이다. 비단이 동서교역품의 주종이 된 것은 기원을 전후한 짧은 한때에 불과하였다. 동서교역과 교역로를 단지 '실크'로 대변하여 말한 것은 서양중심주의의 결과이다.

이렇듯 자문화중심주의는 공동체의 고유성과 가치를 존중한다. 따라서 자아와 타자를 구분한다. 그러나 자문화중심주의는 여기에 그치지 않고 문화진화주의와 문화제국주의로 연결된다. 문화진화주의는 문화를 미개와 야만, 그리고 문명의 단계로 구분한다. 이들은 문화 발전에 있어서 전파만을 인정하며, 따라서 식민주의를 합리화하는 제국주의의 길을 걷는다. 이러한 문화제국주의는 결국 극복되어야 할 대상이다.

슈펭글러는 문화에 대한 유럽중심주의에 대해 이렇게 비판했다. "오늘날 서유럽인에게 상식이 되어 있는 도식에서는, 고도의 여러 문화가 이른바 세계 사상(事象)의 중심인 우리의 주위를 돌고 있다. 나는 그런 도식을 역사의 '프톨레마이오스적 체계'라고 이름 짓고, 그 대신 이 책에 나타나 있는 체계를 역사 영역에서의 '코페르니쿠스적 발견'이라고 간주한다. 이 체계에서는 그리스·로마와 서양, 인도, 바빌로니아, 중국, 이집트, 아라비아문화 및 멕시코문화–이것들은 개개의 '이루어진 것'의 세계이고, 역사의 전체상에서는 그리스·로마와 똑같이 중요하며, 그 정신적 창조의 위대함과 상승력이란 점에서는 그보다 훨씬 우수하다–와 서로 필적하고 결코 편파적인 취급을 받지 않는다."

또한 토인비는 문명단일론에 대해 비판하면서 유럽중심주의에 대해, "문명단일론은 근대의 서유럽 역사가들이 그 사회적 환경의 영향을 받아 저도 모르게 품게 되는 잘못된 생각이다. 그들이 이런 생각을 품게 된 것은 근대에 있어서 서유럽문명이 온 세계를 그 경제 조직의 그물 속으로 완전히 집어넣었기 때문이고, 또한 서유럽을 바탕으로 하는 경제적 통일에 이어, 역시 서유럽을 바탕으로 하는 정치적 통일이 거의 같은 범위에 걸쳐 실현되었기 때문이다."[3]라고 했다. 이러한 비판과 반성에서 불구하고 자문화중심주의는 아직도 만연하고 있다.

2) 발전과 변용

19세기에 허버트 스펜서가, 20세기에는 슈펭글러가 인간사회를 사회적 유기체로 설명했다. 또한 토인비 역시 문명은 살아있는 유기체와 마찬가지로 고유의 생물학적 법칙에 의해 미리 정해진 수명이 있다고 하였다.

슈펭글러는 『서구의 몰락』에서 세계를 그리스 · 로마, 서양, 인도, 바빌로니아, 중국, 이집트, 아라비아, 멕시코 등 8개 문화권으로 나누어 각각 고립적이며 서로 영향을 미치지 않는 고유성을 인정하고 있다. 그는 각 문화권이 자기만의 고유한 '정신'과 '삶의 양식'이 있으며, 그것은 예술, 사상 등의 형태로 표출된다고 보았다. 슈펭글러는 자연의 변화 과정처럼 문화 역시 생성과 성숙, 소멸의 변화 과정 속에 존재하는 것으로 파악하고 있다.

토인비는 문화를 '문명', '사회'와 혼용하면서, 그것을 도전과 응전, 발생과 쇠퇴의 순환으로 보았다. 토인비는 문명(문화)을, 생물학적 법칙의 지배를 받는 그러한 단순한 유기체 또는 실재물이 아니라고 하였

3) 토인비 · 섬머빌, 『역사의 연구』, 동서문화사, 1978. 이하 토인비의 주장은 이 책에 근거했다.

다. 그는 도전과 응전, 은퇴와 복귀, 어버이문명의 죽음과 자식문명의 탄생 등의 운동은 역사의 주기적 반복, 순환이 아니라 반복과 전진이라고 하였다. 그는 『역사의 연구』를 이러한 관점에서 서술했다. 이 책에서 그는 21개 문명의 발생, 성장, 쇠퇴, 해체 그리고 어버이문명과 자식문명에 대해 서술했다.

이렇듯 문화는 발전하고 변화한다. 문화는 인간과 환경의 상호작용 속에서 만들어지는 것이므로 환경이 바뀌면 문화가 변하고, 문화가 바뀌면 환경도 변하게 된다. 그 변화는 발견과 발명에서 비롯된다. 발견은 삶의 방식에 알맞은 새로운 문화 요소를 우연히 찾아낸 것이며, 발명은 목적에 의해 문화 요소를 만들어내는 것이다.

문화가 변화하는 또 하나의 요소는 차용이다. 이것은 다른 사회에서 이미 사용하고 있는 문화 요소를 빌려오는 것이다. 차용에는 창조성이 결여되었다는 이유로 모방이라고도 한다. 발견과 발명에 의한 문화 변화가 내부 스스로의 발전이라면, 차용에 의한 문화 변화는 외적인 조건에 의한 변화이다. 그런데 차용은 전파와 연결되어 있다.

어떤 문화가 다른 문화에서 문화 요소를 차용하는 것은 그 문화 요소가 어느 문화에서 다른 문화로 이동하는 데에서 시작된다. 이러한 문화 요소의 문화 간 이동을 '전파(diffusion)'라고 부른다. 수용하는 측의 입장에서 보면 차용은 상대방 문화로부터 전파되어 오는 외래 문화를 모방하는 것이 된다. 반면에 전달하는 측의 입장에서 전파는 자기 문화를 상대방에게 강요하는 것이 된다. 따라서 문화 전파는 반드시 문화 변화와 연결되지는 않는다. 전파된 문화 요소를 채용할 지에 대한 여부는 받아들이는 측의 필요에 따라 결정된다. 이것이 전파와 차용의 다른 점이다.

전파와 차용은 문화 접촉과 문화 접변이라고도 말할 수 있다. 문화 접촉은 어떤 하나의 문화가 놓여 있는 환경 속에 다른 문화가 나타나는 것이다. 그리고 '문화 접변(acculturation)'은 "상이한 문화를 가진 집단이 지속적인 직접 접촉을 행하여 어느 한 쪽 또는 양쪽 집단의 원래의 문화 형태에 변화를 일으키는 현상"을 뜻한다. 문화 접변은 문화 운반자의 전파 · 제시 단계와, 그것을 받아들여 변화 · 보급시키는 단계로 나뉜다.[4)]

한편, 벤틀리는 근대 이전의 사람들이 외국의 문화 전통을 채택하거나 받아들인 과정을 설명하는 데 '사회적 개종(social conversion)'이라는 용어를 사용했다. 그는 개종이라는 용어는 전체 사회의 변화를 초래한 넓은 과정을 가리킨다고 하였다. 그러면서 근대 이전에 일어난 개종 과정의 유형을 세 가지로 요약했다. 즉 자발적 제휴를 통한 개종, 정치적 · 사회적 · 경제적 압력에 의해 유도된 개종, 동화를 통한 개종이라고 했다. 이 세 가지 유형 가운데 자발적 제휴를 통한 개종의 범주가 가장 파악하기 힘들다. 그런데 근대 이전에 자발적 개종을 부추긴 것은 주로 장거리 교역에 종사하는 상인들이었다. 상인들은 교역지에 이주자의 거주지를 만들었고, 고향의 문화 전통을 그 거주지에 이식하여 활용하곤 했다. 교역은 교류로 이어지면서 문화 변용을 가져왔다.

벤틀리에 의하면 자발적 제휴를 통한 개종, 억압에 의해 유도된 개종, 동화를 통한 개종은 근대 이전에 문화 전통이 영향력을 전파하는 세 가지 통로였다. 즉 개종의 세 가지 방식은 문화적 경계선을 관통하는 통로이자 문화 전통이 새로운 주민들에게 영향을 전파하는 통로가 된다.

그런데 외국의 문화 전통이 대중에게 호소력을 갖는 현상은 절충주의라는 요소를 감안하지 않으면 설명할 수 없다. 절충주의는 개종과는 다르지만, 근대 이전의 사회 전체가 대규모로 새로운 문화 전통으로 개종하는 일은 주로 절충주의로 인해 일어났다고 간주되어 왔다. 절충주

4) 히라노 겐이치로(平野健一郎), 장인성 · 김동명 옮김, 『국제문화론』, 풀빛, 2004.

의는 상이한 문화 전통의 요소들을 융합하여 어떤 외국의 전통이 그 발생지로부터 멀리 떨어진 장소에서도 이해 가능하고, 의미 있고 매력적인 것이 되게 만들었다. 개종과 절충주의를 제외하면, 저항이야말로 근대 이전 사람들이 외국 문화의 도전과 그것이 가져다 준 기회에 대해 보인 반응 가운데 가장 뚜렷한 것이었다.[5)]

3) 전파와 유사성

많은 기술이나 제도 · 사상이 전파를 통해 한 사회로부터 다른 사회로 전해졌다. 중국 음료인 차, 아랍의 음료인 커피, 중앙아메리카의 음료인 코코아, 아마존의 고무, 중앙아메리카의 담배, 수메르 사회의 12진법, 본래는 힌두어(인도어)에서 왔다고 여겨지는 아라비아숫자 등이 오늘날 세계 각처에서 쓰이게 된 것은 전파의 결과이다. 그러나 전파와 함께 창조와 발전의 역할도 주목할 필요가 있다.

프리맨은, "문명 생활의 가장 중요한 발명품들의 대부분은 서로 다른 나라들이 그 발명을 처음으로 필요에 의해 또한 일정한 사회적 진보의 단계에 도달할 때마다 시공간을 달리하여 몇 차례고 되풀이 되었다는 사실은 거의 의심할 여지가 없다. 문명 생활의 가장 단순하고 가장 중요한 기술의 대부분 - 맷돌의 사용, 활의 사용, 말 길들이기, 통나무배를 파는 법 등 - 이 멀리 떨어진 때와 장소에서 몇 번이고 반복 발견되는 일을 의심할 여지가 없다."[6)]고 했다.

현대의 인류학자도 이와 같은 생각을 피력하고 있다. 즉 "인간의 사상과 관습의 유사점은 어디서나 인간의 두뇌 구조는 유사하기 때문에

5) 제리 벤틀리, 김병화 옮김, 『고대 세계의 만남』, 학고재, 2006.
6) E.A. Freeman, *Comparative Politics*, New York ; Macmillan, 1874.

인간 정신의 성질도 유사하다는 데에 있다. 두뇌기관의 구조와 신경 작용이 인류 역사의 어느 단계에서나 대체로 동일하듯이 정신도 일정한 보편적인 특성 · 능력 · 행동 양식을 유지하고 있다. 따라서 같은 시대에 동일한 발명 또는 발견에 대해 우선권을 주장하는 사람이 몇 사람이고 나타나는 수많은 사례들을 설명해준다. 인류의 공통된 정신으로부터 나오는 유사한 정신 작용에 의해 같은 신앙이나 제도가 가장 멀리 떨어진 민족이나 지역 곳곳에 출현하는 이유가 설명된다."[7]는 것이다.

이처럼 시간적, 공간적으로 전파가 일어났다고는 도저히 생각할 수 없는 두 지점에서 어떤 문화 요소가 유사한 경우가 종종 있다. 외부요인에 의한 변화가 아니라 내부 요인에 의한 변화, 즉 서로 관계없이 독립적으로 이루어진 발명 · 발견에 의한 변화라고 볼 수밖에 없는 문화 요소 사이에 유사성이 존재하는 것이다. 이것을 설명하기 위한 것이 '가능성 제한의 원리(principle of limited possibilities)'와 '수렴의 원리(principle of convergence)'이다.[8]

가능성 제한의 원리는 골든와이저(Goldenwiser, 1880~1940)가 제시한 생각이다. 배는 물에 떠야 하고 물 위를 빨리 이동하는 것이 바람직하다. 노는 빠른 속도로 배를 이동시켜야 하며 이를 위해서는 가능한 한 많은 물을 가볍게 펴서 밀어내는 것이 좋다. 이러한 기능은 언제 어디서나 똑같기 때문에 돌로 배를 만들 리 없고 나무를 사용하게 되는 것이다. 이론적으로는 생활의 필요에 의해 무한한 문화 요소가 만들어질 수 있지만, 현실적으로 인간이 가질 수 있는 목적, 수단, 재료는 유

7) John Murphy, "Primitive Man, His Essential Quest" *Journal of Philosophical Studies* Vol. 2, No. 8, 1927.

8) 히라노 겐이치로(平野健一郎), 장인성 · 김동명 옮김, 『국제문화론』, 풀빛, 2004.

한하기 때문에 새로운 요소를 만들 가능성이 무한정 존재하지는 않는다. 사람들이 각자 개별적이고 독자적으로 고안을 계속했더라도 결과적으로 문화 요소는 비슷해지는 것이다.

수렴의 원리란 각자 독자적으로 시작된 생활의 고안이 처음에는 서로 다른 문화 요소의 형태를 띠지만, 시간이 흐르고 생활의 고안이 거듭되면서 점차 유사하거나 동일한 문화 요소가 되어가는 것을 가리킨다. 배는 가볍고 빨리 움직여야 하며, 노는 배를 빠르게 움직여야 한다. 이 목적과 기능은 어디서나 동일하기 때문에 다른 사람들이 이 목적을 계속 추구한다면 마침내 같은 것으로 수렴해 간다.

이와 같이 가능성 제한의 원리와 수렴의 원리는 전파가 일어났을 것 같지 않은 곳에서 문화 요소가 비슷하게 나타나는 현상을 설명하기 위한 것이다. 이러한 견해는 문화의 공통성을 전파로 이해하는 오류를 방지한다. 그리고 내재적인 문화의 발전에 의해서도 각각의 문화가 공통의 결과에 도달한다는 것을 보여준다.

3. 자문화와 타문화

1) 교류와 마찰

사람들은 지구라는 같은 공간을 살면서도 공간을 서로 나누어 각각의 집단을 형성해서 살고 있다. 여기에는 서로 다른 문화가 존재한다. 이러한 개별 문화에는 각각의 경계가 존재한다. 문화의 경계는 여러 차원에서 존재한다. 그것은 세대 간, 사회 간, 지역 간, 국가 간의 경계이다. 경계는 스스로를 둘러싸고 있어 외부에 대해 배타적이다. 그러나 강고한 경계를 넘어 교류가 이루어진다. 교류는 의도적으로 행해지는 사람·물건·정보의 이동이다. 따라서 문화 교류는 서로 다른 문화 사이에 문화 요소가 이동하거나 교환되는 현상과 활동을 가리킨다. 그런데 이문화(異文化)를 접촉하면서 사람들은 오해, 마찰, 분쟁을 경험한다.

토인비는 문화 간의 만남을 충돌과 갈등의 시각으로 보았다. 즉 그는, "문명의 만남을 조사해보고 알게 되는 분명한 점은, 그것이 만남이 일어날 경우, 거의 언제나 한쪽은 공격자가 되고, 다른 한쪽은 공격의 희생자가 된다는 점이다." 그리고 "동시대 문명간 만남의 결과는 서로 만난 문명 쌍방의 평화를 어지럽게 하는 경우가 많다. 공격을 가한 문명의 압력이 공격당한 쪽의 문명 사회체에 자신의 문화적 영향을 침투시키는 데 성공하는 경우에는 만난 문명 양쪽이 모두 이미 해체기에 들어가 있음을 보았다."고 설명한다. 그리고 "본래의 사회체 속에는 무해하거나 유익했던 문화 요소가 그것이 침투한 이질적인 사회체 속에는 반대로 파괴적인 영향을 일으킨다는 사실을 발견한다. 한편 우리는 어느 하나의 고립된 문화 요소가, 공격받은 사회생활 속에 침입하는 일에 성공하면 그에 이끌려 같은 원천에서 나온 다른 요소가 침입하는 경향이 있음을 발견한다."고 보았다.

토인비는 문화와 문화 간의 충돌과 마찰을 '젤로티즘(Zealotism)'과 '헤로디어니즘(Herodianism)'으로 설명한다. 토인비는, 기원 전후에 유태문명이 헬레니즘문명과 접촉하면서 보였던 반응 중 철저한 반항주의를 젤로티즘으로, 적대적 문화 접변적인 저항의 태도를 헤로디어니즘으로 명명했다. 젤로티즘과 헤로디어니즘은 신약성서에 나오는 이야기에서 명칭을 따 붙였다.

유대의 헤롯왕 시기에 모든 면에 걸쳐 헬라스문화가 유대인사회에 심하게 육박해 왔다. 유대인은 어느 쪽을 보나 헬라스사회에 동화하느냐 않느냐 하는 문제를 회피하거나 무시할 수가 없었다. 헤로디어니즘은 당시 유태의 헤로데파가 보인 반응이다. 그들은 침입해 온 문명이 가졌던 무기를 자기 것으로 삼았고, 그 빌린 무기를 자신들을 지키기 위해 사용함으로써 침입 문명에 뒤지지 않으려고 했다. 헤로데파는 이 문명을 혐오했지만, 자기 보존에 필요한 최소한의 도구와 수단만은 받아들이려 했다.

한편 젤로티즘은 침입해온 문명을 전면적으로, 그리고 광적으로 배척했다. 유대교의 골수 신자였던 젤로트파 사람들은 자신들이 충실하면 신이 자신들 편이 되어 파멸로부터 구해준다는 신념을 갖고 자신의 문명을 끝까지 지키려 했다.

젤로트파는 침략자를 피하고 고유한 유대 전통의 성채 속에 틀어박혀 있는 사람들이었다. 그들의 신념은 선조 전래의 전통을 굳게 지키고 이를 완전히 그대로 지켜가면, 보존된 그들 정신생활의 원천에서 침략자를 격퇴하는 초자연적인 힘이 주어진다는 것이었다. 이에 비해 헤로데파는 마카베오왕국에 병합된 이방인 거주 지역의 이두마이아 출신으로, 현실 문제에 대해 비교적 치우치지 않는 견해를 가진 정치가로 이루어져 있었다. 그런데 헤롯 대왕의 정책은 유대인이 피할 수 없는 사회 환경, 즉 헬라스화해 가는 세계 속에서 그의 기반을 확보함으로써 다소나마 안락한 생활을 영위할 능력과 실제적인 목적에 필요한 교양을 헬라스문화로부터 배우도록 하는 것이었다.

젤로티즘와 헤로디어니즘은 유대 사회에 교대로 나타나 충돌하였다. 젤로티즘은 트로이의 목마가 될 '헬라스인이 보낸 두려워할 선물'을 거부하는 일이다. 반면에 헤로디어니즘은 '헬라스인의 선물'을 받아들이는 것이었다. 따라서 이들의 목적은 새로 만난 문명과의 완전한 융합이었다. 그러나 헤로디어니즘은 다른 문명 사회를 간접적으로 모방하는 것이며, 아무리 잘 되어도 그다지 신통치 않은 실제 물건을 서툴게 다시 손질한 것에 불과했다. 만일 잘못되면 서로 맞지 않는 요소의 물건을 부조화스럽게 모아 놓은 것이 되고 만다.

이처럼 젤로티즘도 헤로디어니즘도 똑같이 자기 파탄을 초래한다. 젤롯주의자는 뒤를 향하고 있는 복고주의자들이다. 헤롯주의자는 스스로를 앞을 보고 있는 줄 알고 있지만, 실제로는 옆을 보고 옆 사람의 흉내를 내려고 하는 사람들이다. 토인비는 복고주의와 미래주의가 실패할 것이라고 지적했다.

한편, 냉전 후 국제 사회에서 자아와 타자의 문화에 관해 장대한 문제를 제기한 것이 사무앨 헌팅턴의 '문명의 충돌'론이다. 헌팅톤은 냉전 후의 세계를 구분하는 데 의미가 있는 것은 더 이상 각국의 정치 시스템 또는 경제 시스템이나 경제발전 단계 등이 아니라 국가들의 문화와 문명이라 주장한다. 그는 7, 8개의 문명을 구분하고 그들 사이에는 깊은 단층이 있기 때문에 앞으로 일어나는 세계대전은 이(異)문명 간 전쟁의 형태를 취할 것이라고 예언한다.[9] 그러나 국제 사회의 갈등은 '문명의 충돌'로 해석하기엔 결코 단순하지 않다.

오늘날 세계에서 사람들이 서로 다른 문화를 가진 집단을 형성하고 있다고 한다면, 그 집단에 속한 사람들 사이에 문화의 차이로 인한 분쟁이 일어날 위험은 항상 존재한다. 이문화 접촉이 빈번해지면 그 위험은 더욱 증가할 것이다. 그러나 '문화의 충돌' 보다는 문화의 마찰로 보는 편이 현실적이고 정당하다. 문화 마찰이란 "이질적인 문화와 문화가 접촉할 때 일어나는 긴장, 알력, 분쟁"으로 정의된다.[10]

그런데 토인비가 지적한 것처럼 복고주의와 미래주의는 실패로 기록

9) 새무얼 헌팅턴, 이희재 옮김, 『문명의 충돌』, 김영사, 1997.
10) 히라노 겐이치로(平野健一郎), 앞의 책, 2004.

될 것이므로 제3의 가능성을 발견해야 한다. 낡은 질서와 새로운 발전을 서로 적응시켜 가장 높은 수준의 조화에 도달케 할 수 있는 중간 길이 열려 있다. 그 길은 두 진로를 다 초월한 창조적인 길, 편견에 치우치지 않고 양쪽 모두를 활용하려는 새로운 자세이다. 그것은 문화제국주의를 넘어 문화상대주의로 나아가는 길이기도 하다.

2) 문화상대주의의 길

루이스 모건(1818~1881)은 『고대사회』에서 원시공산제의 존재, 사유재산제의 기원, 혈연집단에서 지연집단으로의 이행, 원시 난혼제에서 일부일처제로의 진화 등을 해명했다. 그는 『고대사회』의 서론에서, "인

이집트의 피라미드

류의 모든 종족에게 야만시대가 미개시대보다 앞에 있었고, 또한 미개 시대가 문명시대보다 앞에 있었다는 것은 오늘날에는 확실한 증거를 갖고 단언할 수 있는 바이다. 인류의 역사는 근원이 같고 경험이 같으며 또한 진보도 같다."고 하였다. 즉 인류의 어떤 사회 집단을 보더라도 처음에는 야만 상태에서 출발해서 미개 상태로 나아가고 문명 상태에 도달하며, 어떤 집단도 완전히 똑같은 경로를 밟아 하나의 단계에서 다음의 단계로 나아간다는 것이 모건의 주장이었다. 속도의 차이는 있어도 모든 사람이 야만에서 미개, 미개에서 문명이라는 동일한 전개 방식으로 진화한다는 것이 문화진화론의 요체이다. 그러나 이에 따른다면 문화는 상위와 하위의 문화, 우수와 열등의 문화로 구분된다. 따라

멕시코 테오티우아칸의 태양의 피라미드

서 물이 위에서 아래로 흐르듯 문화는 상위에서 하위로, 우수 문화에서 열등 문화로 전파되어야 한다.

그런데 문화진화론 혹은 전파론에는 큰 함정이 자리잡고 있다. 세계 각지에는 고대 이집트문화와 유사한 요소가 남아 있다. 멕시코에도 피라미드가 있고 미라를 만드는 풍습이 있다. 이것을 단순히 이집트의 것과 비교하면 멕시코의 것은 훨씬 원시적이고 이집트의 것이 더 세련되었다. 따라서 피리미드와 미라는 이집트가 기원이고 멕시코는 이집트로부터 배웠다고 주장할 수 있다. 이러한 문화진화론은 문화 차용 혹은 전파만을 인정하고, 내인에 의한 문화 발전, 가능성의 원리와 수렴의 원리를 인정하지 않는 것이다.

문화진화론은 서양의 식민주의와 함께 번성했고, 식민주의보다 먼저 쇠퇴했다. 그리하여 1920년대에 이르러 문화변용론이 문화진화론을 대체했다. 문화진화론에 입각해서 문화를 변화시키려는 것은 이문화 차용을 강요하는 행위였다. 차용이란 문화의 단편을 들여와 새로운 전체 속에 끼워 맞추려는 것이다.

미국의 문화인류학자 프란츠 보아스(1858~1942)는 1930년대 중반에 새로운 문화변화의 발상인 '문화변용(Culture Change)'론을 확립하였다. 문화변용론은 개별의 문화가 문화 담당자들의 노력으로 새로운 문화 요소를 산출하며, 각각의 환경 속에서 살아갈 필요성에 입각해서 새로운 문화 요소를 만들어간다고 생각한다. 문화변용론은 기본적으로 내인을 중시하지만 외인도 무시하지 않는다.

그리하여 20세기 후반은 문화상대주의(Culture Relativism)의 시대로 특징지을 수 있다. 문화상대주의는 문화변용론과 표리일체의 관계에 있다. 문화진화론과 대조적인 입장에 선 문화변용론은 문화상대주의를 도출함으로써 새로운 지평을 열었다. 문화상대주의와 문화변용론은 문화진화론의 관점과 자문화중심주의를 부정하는 입장을 전제로 한다.

그런데 진정한 문화상대주의에 도달하려면 각 문화권에 역사성을 부여해야 한다. 어떤 특정한 공간에 존재하는 문화는 독자적인 역사를 가지고 시간과 더불어 변화해 가는 것이다. 그리고 그 문화는 다른 문화와 상호교류하면서 변화, 발전해 간다.

3) 문화 교류와 문화다원주의

문화는 각기 특수성과 독자성을 가지고 있어서 여러 개별 문화들 사이에 가치 우열을 따질 수 없다. 그리고 문화는 관찰자의 관점이 아니라 문화 소유자의 관점에서 보아야 한다. 따라서 모든 문화는 동등한 가치를 지닌다. 지구상의 공동체는 다문화로 이루어져 있다. 문화는 인간 집단의 수만큼이나 존재하며 따라서 문화는 필연적으로 차이가 존재한다.

각각의 문화는 접변, 전파의 과정에서 충돌하기도 하고 공존하기도 한다. 또한 문화 교류를 통해 동화와 변화를 일으킨다. 문화 교류는 낯설음에 대한 동경 · 외경, 교통 · 통신의 발달, 이주의 확대 등으로 더욱 증대된다. 이러한 문화 교류는 '다문화성(Multikulturalität)', '상호문화성', '가로지르기 문화성(초문화성, Transkuluralität)'이라는 관점에서 바라볼 수 있다.

'상호문화성'은 하나의 특정한 체계로 수렴시키려는 문화중심주의와 이를 통한 수직적 배열에 따른 문화의 유계질서에 반대하며 문화 간의 상호교류 가능성과 상호이해 가능성을 모색한다. '상호문화성'은 두 문화 간의 교류가 하나의 문화로 흡수 · 통합되는 것이 아니라, 두 문화가 서로 교류하면서 각각의 문화를 변화시킨다고 주장한다. 문화의 상호

교류를 통해 이전의 문화를 변형시키면서도 그 문화의 '사이 영역'을 인정하기에 각각의 문화는 서로 다름과 동시에 서로 얽히고 교차한다. 따라서 '상호문화성'의 문화 교류는 각 문화 간의 완벽한 융합도, 분리도 아닌 수평적인 긴장 관계 속에서 상호적 차이를 인정하면서도 서로 얽히고 교차하는 그물망의 형태로 드러난다.

문화 교류를 통해 서로 다른 문화들의 체계나 맥락이 교차 배열되어 문화의 상호공존을 이루는 '상호문화성'과는 달리, '가로지르기 문화성'은 문화의 교류 자체가 타문화와 만나면서 앞선 문화들을 역동적으로 변형시킬 뿐만 아니라 융합된 다른 또 하나의 문화도 생성시킨다고 주장한다. '가로지르기 문화성'에서는 직접적인 상호작용을 중요시하며, 앞선 문화의 교차이자 변종인 또 다른 문화를 형성한다.

이처럼 '다문화성', '상호문화성', '가로지르기 문화성'은 이질적인 문화들이 어떻게 교류할 수 있는지에 대해서는 서로 다른 입장을 그려낸다. '다문화성'은 여러 문화가 얽히고 교차된 망으로 설명된다. 이러한 다문화의 개념이 문화가 얽히고 교차된 그물망 조직이라는 사실 자체에는 근접했을지라도, 문화가 어떻게 서로 교류되는지, 동적으로 변화하는지에 대해서는 설명하지 못한다. 서로 다른 문화가 어떻게 교류되어야 하는지에 관심을 갖는 문화 개념이 바로 상호협력과 공존을 중요시하는 '상호문화성'이다. 이 '상호문화성'을 받아들이면서도 문화 간의 교류의 방식을 상호교류를 넘어선 새로운 문화의 생산으로 보는 것이 바로 '가로지르기 문화성'이다

'다문화성'은 문화의 복합적인 성격을 밝히고, '상호문화성'은 각 문화의 차이가 인정되는 상호관계를 통해 문화 간의 상호교류 가능성과 이해 가능성을 성립시키고자 노력한다. 더 나아가 '가로지르기 문화성'은 문화의 차이를 융합하면서도 차이가 공존하는 문화의 생활형식을

능동적으로 실현시키기를 촉구한다. 이 중에서도 특히 '가로지르기 문화성'은 서로 다른 문화들이 교류하고 변형되고 발전하는 과정을 설명한다. '가로지르기 문화성'의 문화 교류는 '연결'과 '이행'의 상호작용을 통해 다문화가 공존함과 동시에 융합되어 새로운 문화를 산출하는 과정이다. 문화 간의 얽힘과 교차를 인정하는 문화상대주의(또는 문화다원주의)의 상호문화성을 넘어서 얽힘과 교차 속의 생성을 촉구하는 '가로지르기 문화성'으로 이해할 때, 문화가 어떻게 교류하면서 동시에 변형 발전되는지를 이해할 수 있다.[11)]

이 책에서는 문화상대주의와 문화다원주의의 입장에서 문화 교류를 살펴볼 것이다. 그리고 문화 요소의 유사성을 전파의 시각에서 바라보되, '가능성 제한의 원리'와 '수렴의 원리'의 측면에도 유의할 것이다.

11) 원승룡, 『문화이론과 문화철학』, 서광사, 2007.

2 교류의 조건

1. 동양과 서양, 그 경계와 경계 의식

인류의 역사는 이동과 함께 했다. 지금까지 진행된 고고학 발굴에 의하면 후기 구석기시대에 들어와서 인류가 장거리 이동을 하기 시작한 것으로 추측된다. 지금으로부터 약 3만 년 전에 자바의 와자크인이나 보르네오의 사라와크니아 동굴인들이 오스트레일리아 뉴기니로 이주했으며, 1～2만 년 전에는 몽골 인종이 베링해협을 건너 아메리카에 정착하여 인디언이 되었다. 특히 1만 년 전에 충적세가 시작하면서 인류의 이동이 늘어나 유라시아 대륙에 몇 갈래의 길이 생겨났다.

신석기시대에 인류는 이동 생활에서 정착 생활로 나아갔지만, 이동을 멈춘 것은 아니었다. 최초의 이동로를 따라 문화가 퍼져나갔다. BC 7천 년 경에는 메소포타미아의 농경문화가, BC 6천 년 전에는 채도(彩陶)가 동 · 서로 퍼져나갔다.

이렇듯 인류는 의지와 호기심을 앞세워 끊임없이 경계와 장벽을 뛰어넘으려 했다. 인류는 사막, 산맥, 바다와 같은 자연적, 지리적 장애물은 물론이고 정치, 언어, 문화의 장벽도 넘어서려 했다. 이러한 경계를 넘어선 만남은 정치, 경제, 종교 등의 특정한 맥락 혹은 의도하지 않은 일에서 발생했다. 즉 권력의 확장, 경제 욕구, 성지 순례와 전도 등의 의도된 행위, 그리고 추방과 표류와 같은 의도하지 않는 일 때문에 일어났다. 이와 같은 만남의 주도자는 외교관이나 군인, 그리고 상인, 성직자들이었다.[12)]

인류의 만남은 한발 한발 걸어서 시작되었다. 그러다가 BC 4천 년 말엽 이후에 이동 수단이 여러 모로 발달하면서 여행과 문화 간의 접촉이 빨라졌다. BC 3200년 경 중앙아시아의 유목민들은 말을 길들이기 시작했으며, 아랍인은 대략 BC 3천 년 전에서 2500년 사이에 낙타를 길들였다. 거의 같은 시기에 이집트인들은 항해 도구를 개발하였다. 이러한 이동 수단의 발달은 지역 간의 교류와 교역을 촉진시켰다. 그들은 자기 지역을 기준으로 다른 곳을 구별하기 시작했다.

그리스 · 로마인들은 '해가 떠오르는 지역'을 오리엔트(orient) 즉, 동방이라 불렀다. '오리엔트'란 라틴어의 오리엔스(oriens, 해가 떠오름)에 해당하는 말로서 '해돋이', '해가 뜨는 방향'이란 뜻이었다. 따라서 당시로서는 동지중해 연안을 의미했다. 나중에 '오리엔트'는 동양(the east)을 의미하게 되었다.

---

12) 나얀 찬다에 의하면 인류는 아프리카를 떠나온 이래 6만 년 동안 분화해왔다고 한다. 그러나 아프리카를 떠난 이주자들은 오래 전에 헤어진 사촌들과 다시 연결을 시작했다. 탐험가, 무역상, 선교사, 전사 등이 주도한 다시 연결하기의 과정은 세월이 흐르면서 더욱 조밀하고, 더욱 빠른 속도로 세계를 긴밀하게 통합해왔다고 한다. 인류의 출현부터 현대까지 교류를 통한 세계화의 과정에 대해서는 Nayan Chanda, 유인선 옮김, 『세계화, 전 지구적 통합의 역사』, 모티브, 2007 참조. 이러한 인류의 아프리카 기원설에 대해 다 지역 기원설을 주장하는 학자도 있다.

'오리엔트'에 대해 해가 지는 곳은 옥시덴트(occident, 서방)라고 했다. 이 말은 라틴어의 'occasus(해가 짐)'에서 파생된 것으로 나중에 '서양(the west)'을 의미하게 되었다. 이처럼 고대부터 서양인들은 오리엔트, 즉 동양을 지중해를 경계로 하여 그 동쪽을 가리키는 용어로 사용해 왔다.

그런데 로마시대에는 오리엔트가 제국 내의 동부 지방은 물론 제국 외부의 동쪽에 있는 다른 나라들을 광범위하게 지칭하는 용어로 사용되었다. 그 후 로마제국이 동서로 분열되고 서유럽 중심의 세계를 형성해가는 과정에서 자신들의 지역을 옥시덴트, 즉 '서방'이라 부르게 되었다. 이에 비해 오리엔트는 그들과 대조적인 이질적인 문화를 가진 동방세계, 즉 비잔틴제국과 이슬람 세계를 그 범위로 이해하게 되었다.

근대에 들어 그 적용 범위가 더욱 넓어져 근동은 물론 중동, 극동 등 아시아 지역 전체를 총칭하는 용어로 사용되기도 한다.

한편, 동아시아 사람들에게 동양과 서양의 의미는 이와는 달랐다. 중국, 한국, 일본 등의 동아시아는 동양을 말 그대로 중국의 동쪽 바다[東洋, 태평양]를 뜻했다. 그리고 소동양(小東洋)은 지금의 동중국해로 일본 규슈와 류큐 제도 서쪽, 황해와 남해 남쪽, 타이완 섬 북쪽 지역의 바다였다. 이에 비해 서양은 인도차이나 반도 서편 너머의 바다를 지칭했다. 소서양(小西洋)은 인도양을 뜻했고, 그 너머의 먼 바다를 대서양(大西洋)이라고 불렀다. 이는 오늘날 대서양(Atlantic Ocean)과는 다른 의미였다.

동양, 서양의 의미는 근대 일본에 의해 문화의 개념으로 변모되었다. 일본은 근대에 들어 유럽 중심의 세계를 서양으로, 중국을 중심으로 한 극동을 동양으로 지칭했던 것이다. 아울러 동양 전체를 '아세아(亞細亞, Asia)'로 인식했다.

그런데 동양과 서양의 구분은 자기와 타자의 구분, 자기 문화와 타자 문화의 구별 의식을 기반으로 한다. 이러한 자·타의 구별 의식은 문화 간의 대화 혹은 마찰로 이어졌다. 넘어서지 못할 경계와 장벽은 더 이상 존재하지 않았으며, 교통수단의 발달로 문화 교류는 가속화되었다.

2. 말, 낙타, 그리고 배

인간은 살아서 되돌아올 수 있을지 염려하면서도 미지의 세계로 나아갔다. 풀과 자갈로 뒤덮인 초원과 사막은 바다와 닮은 점이 많다. 초원과 사막, 그리고 바다는 처음에 일시적인 방문자에게만 열려 있었다. 거기엔 오아시스와 섬을 제외하고는 그 광대한 표면 어느 곳에도 인간이 머물러 정착할 만한 장소가 없었기 때문이다. 그러나 인간이 자신의 문명권을 떠나 다른 문명권으로 가려면 사막과 바다 둘 중 어느 곳 하나를 통과해야만 했다. 인간 이동의 장애물로만 여겨졌던 사막과 바다는, 여행과 수송에 있어 많은 편의를 제공해 주기도 하였다.

유라시아의 사막과 산악은 혹독한 추위와 극심한 더위가 교차한다. 그러나 유목민들은 뛰어난 지혜와 기술의 소유자였다. 동물을 순화시키는 것은 식물을 재배하는 것보다 더 인간의 지혜와 의지력을 요구하였다. 초원과 사막의 유목민들은 말과 낙타를 길들여 가혹한 자연 환경을 극복해 나갔다.

낙타는 BC 3천 년에서 2천 년경에 이른바 '아프리카 뿔'(아프리카 동북부 지역 홍해 입구) 지역에서 가축화되었다. 낙타는 눈꺼풀이 이중이고, 콧구멍을 닫아서 모래를 막는 능력을 갖고 있다. 낙타는 박트리아산 쌍봉낙타와 아라비아산 단봉낙타 두 종류가 있다. 박트리아산 쌍봉낙타는 아라비아산 단봉낙타보다 혹독한 추위와 극심한 더위에 더 적합한 신체 구조를 가지고 있다. 박트리아산 낙타는 땅딸막하고 옹골찬데다 겨울에는 긴 털이 빽빽하게 돋아나기 때문이다. 박트리아산 쌍봉낙타는 속도는 빠르지 않지만, 한 시간에 4km 정도를 걸었다.

유목민들은 물이 떨어지거나 샘이 말라 버렸을 때 낙타를 이용하여 물을 찾았다. 늙은 낙타들은 지하수가 있는 지점에 멈춰 서서 땅바닥을 앞발로 파헤치곤 했다. 그리고 박트리아산 쌍봉낙타는 모래폭풍을 미리 감지하는 기술이 뛰어난 것으로 유명하였다. 5세기의 한 연대기 작가는 이렇게 기록했다. "늙은 낙타들은 이따금 큰 소리로 울부짖으며

사막의 대표적인 운송 수단인 쌍봉낙타. 낙타는 '사막의 배'라 불린다.

단봉낙타

한데 모여 모래 속에 코를 박곤했다. 이것은 북쪽에서 공포의 대상인 격렬한 돌풍이 다가오고 있다는 경고였다. 그 돌풍은 모래를 날리고 몇 분 만에 끝나지만, 얼굴을 감싸지 않은 사람은 죽을 수도 있다."[13)]

아라비아반도의 무역상들이 낙타를 '사막의 배'로 사용할 수 있게 된 것은 BC 500년에서 2백년 사이의 일이었다. 아라비아산 낙타는 6시간에 약 32킬로미터를 이동할 수 있었고, 말이나 노새가 짊어질 수 있는 짐의 두 배에 가까운 250킬로그램 가량의 무게를 감당할 수 있었다.

윌리엄 맥닐은 낙타를 길들이게 된 일에 대해 이렇게 썼다. "대부분의 땅이 강수량이 매우 적고 버려진 황무지인 중동 지역에서 대상(隊商)들은 배를 타고 항해하는 것과 같은 효과를 가진 동력을 찾아냈다. 대상들은 이제 배와 경쟁할 수 있게 되었다. 서기 초반에 중동 지역에

13) 수잔 휫필드, 김석희 옮김, 『실크로드 이야기』, 이산, 2001, 68쪽.

서 낙타를 길들이는 방법을 확실히 연마하게 된 이후부터, 1300년 이후에 선박 설계와 항해술이 발달하여 경쟁 구도가 변하기 전까지 천 년 동안은 낙타가 중요한 수송 수단 역할을 하였다."14)

무역에 낙타가 도입되면서 새로운 지평이 열렸다. 중앙아시아의 사막을 가로지르는 낙타 대상은 중국, 인도와 동지중해 연안을 처음으로 직접 연결하였다. 쌍봉낙타를 타고 아프가니스탄에서 베이징까지 가는 여정은 평균 1년이 꼬박 걸리는 험한 길이었다. 낙타를 이용한 교역은 13세기 몽골제국이 실크로드 전역을 지배하면서 절정에 이르렀다.

사막을 횡단하는 낙타 대상 행렬

14) William H. Mc Neil, "The Eccentricity of Wheels or Eurasian Transportation in Historical Perspective", *American Historical Review* 92, 1987, p.1111~1126.

길들인 말 역시, 흩어져 있는 공동체를 연결하는 데 중요한 역할을 하였다. BC 4000년경 볼가-드니에프르 강 유역에 거주했던 사람들이 말을 길들이기 시작했다. 말이 바퀴가 달린 마차에 묶여 짐수레를 끄는 동물이 된 것은 BC 2000년 이후의 일이었다. 말의 가축화는 평원에 사는 사람들의 삶을 전면적으로 변화시킨 혁명이었다. 말을 타면 사람이 하루에 걸어서 갈 수 있는 거리보다 두세 배는 더 멀리 더 빠르게 이동할 수 있었다. 사람의 걸음으로는 미칠 수 없었던 먼 지역의 자원 · 시장 등이 도달 가능한 거리에 놓이게 되었다. 말은 군인과 상인들이 과거에는 상상도 할 수 없이 멀리 떨어져 있던 지역들을 정복하거나 연결하는 데 일조했다. 유라시아의 초원지대는 말 덕분에 인간과 물자와 사상의 광활한 운반 통로가 되었다.

당삼채로 만들어진 호인과 호마

말은 교통 수단뿐 아니라 수출품으로도 매우 중요했다. 중국이나 인도의 통치자들에게 말은 강력한 기병대를 구성하기 위한 핵심 품목이었다. 중국의 당 왕조는 10만 마리의 말을 수입하는데 연간 세금으로 거둬들인 비단의 7분의 1을 지출했다는 기록이 있다.[15)]

한편, 바다는 인간의 호기심을 끊임없이 자극하는 동시에 하나의 장애물이었다. 그러나 인간이 사막을 넘나든 것처럼 바다 역시 장벽이 되지 못했다. 통나무를 엮어 뗏목을 만드는 방법은 인도 남부 지역에서 오래 전부터 사용되어 왔다.[16)] 짐승 가죽과 갈대로 만든 소형 배가 유프라테스와 나일 강 위를 운항했고, BC 4000년에 돛단배가 만들어졌다. BC 3~4000년경에는 시리아와 아나톨리아 인접지역에서 금속과 질

이집트 파피루스에 묘사된 갈대배의 모습

15) Xinru Liu, *Silk and Religion: An Exploration of Material Life and Thought of People, AD 600~1200*, Oxford University Press, 1996.

16) 뗏목을 지칭하는 타밀어 카투마란 'kattumaran'에서 영어 캐터머랜 'catamaran'이라는 단어가 나왔다. 나얀 찬다, 앞의 책, 35쪽 참조.

좋은 목재, 석기와 기타 이국적인 상품의 교역을 바탕으로 티그리스-유프라테스강 계곡 하구에서 메소포타미아문명이 출현했다. 이후 교역망은 페르시아만과 서인도까지 확장되었다.

헤로도토스의 『히스토리아』에 의하면, 고대 서양인들은 지중해의 끝인 지브롤터 해협 입구를 '헤라클레스의 두 기둥'이라고 불렀다. 이를 기준으로 고대 서양인들은 지중해를 내해로, 대서양을 외해로 인식하였다. 그들의 항해는 이미 지중해를 넘어서고 있었다.

고대 서양인들의 지중해 항해는 두 계절 동안 이루어졌다. 첫 번째 시기는 그리스인들이 겨울 혹은 나쁜 계절이라는 뜻으로 '케이몬(cheimon)'이라 불렀던 11월부터 이듬해 3월까지였다. 다음은 여름 혹은 좋은 계절을 뜻하는 '테로스(theros)'로, 3월부터 11월까지가 여기에 해당한다. 이러한 구분은 고대 서양인들이 지중해의 해류와 바람의 방향을 잘 알고 있었음을 말해준다.

한편 본격적인 항해는 3월부터 시작되었다. 3월 5일에 열리는 '나비기움 이시디스(Navigium Isidis; 이시스의 배)'라는 종교축제를 시작으로 장거리 항해에 나섰다. 2세기에 활동한 작가 아풀레이우스에 따르면, 이날 바다에는 돛에 금박으로 '안전한 항해의 재개를 염원하는 문구'를 실은 작은 모형 배가 띄워졌다고 한다. 바다가 열리는 시기는 11월까지 계속되었지만, 상업적인 항해가 이루어지는 시기는 5월말부터 9월 중순까지로 그보다 짧았다.

선원들은 밤을 낮 삼아 항해했지만 상황을 정확하게 알려줄 도구를 가지고 있지 못했다. 그 대신 이들은 옛날부터 선조 항해사들이 기록해 놓은 『대항해』라는 관찰지를 이용했다. 여기에는 지중해 연안과 흑해에 대한 정보, 즉 피난처, 사고가 잦은 장소, 시각적 지표, 암초, 급류, 위험한 곳에 대해 기록되어 있었다.

항해술과 함께 조선술의 발전도 이동을 촉진했다. 고대 서양의 배는 두 가지 형태로 나뉜다. 첫 번째는 뱃머리에 물살을 잘 헤칠 수 있는 길쭉한 충각부를 달아서 전쟁이나 해적 행위에 적합한 배였다. 두 번째로는 페니키아인들의 배인 가울로스처럼 둥근 형태로 만들어 교역용으로 적합한 배였다. 그러나 첫 번째 배 역시 교역용으로 사용할 수 있었다.

조선술에서 가장 중요한 변화는 노로 움직이는 긴 배에서 찾아볼 수 있다. 그때까지 가장 큰 배는 포카이아인이 극서지방을 원정하기 위해 만든 것으로, 50명이 노를 젓는 펜테콘토로스였다. 그러나 배가 너무 길어서 적의 공격에 취약했다. 그래서 차츰 노 젓는 사람을 여러 줄로 정렬하는 방식이 도입되었고, 코린토스에서 세 줄로 정렬하여 노를 저을 수 있는 배, 즉 3단노선을 만들었다. 이 배의 평균 길이는 36미터,

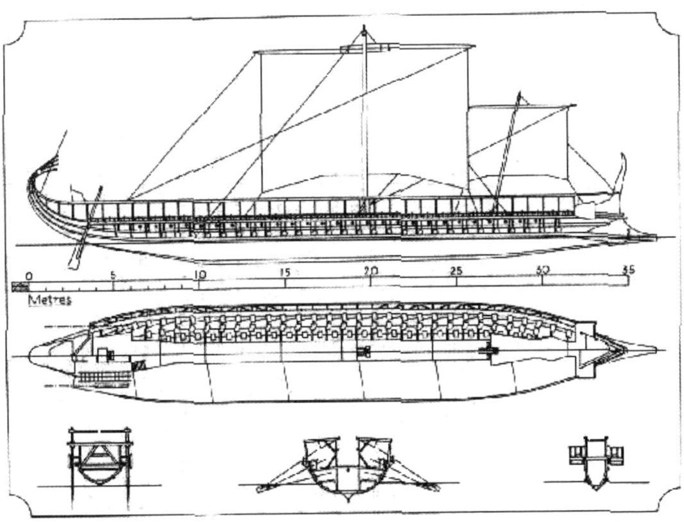

삼단노선

갤리선에 타고 있는 로마 병사

폭은 5미터였다. 170명이 노를 젓는 이 배는 그리스의 고전적인 배 형식의 기초가 되었다.

카르타고의 함대는 충각을 보유한 3단노선과 5단노선으로 구성되었다. 시칠리아 마르살라에서 발견된 카르타고의 난파선은 길이 35미터에 너비 4.8미터로 추정되며, 청동을 입힌 나무 조각들로 만든 충각을 지니고 있었다.[17)]

한편 헤로도투스는 『히스토리아』 제7권에서 페르시아전쟁 당시의 지중해를 항해하던 배의 규모를 이렇게 서술하고 있다. "내(헤로도투스)가 산출한 페르시아 군의 총병력수는 아래와 같다. 즉 아시아에서 원정 온 함선 수는 1,207척이었는데, 여기에 타고 있었던 것은 우선 각 민족

17) 장 카르팡티에 · 프랑수아 르브룅, 강민정 · 나선희 옮김, 『지중해의 역사』, 한길사, 2006, 67~94쪽.

으로 구성된 본래의 부대로 이들은 배 한 척당 200명씩의 비율로 계산하면 총 인원 수는 24만 1,400명이 된다. 그런데 이들 배에는 각각의 토착민 전투원 외에 페르시아인, 메디아인, 사카이인 등의 전투원이 각각 30명씩 승선해 있었다. 따라서 앞서 언급한 인원수에 이들 총계 3만 6,210명의 인원이 추가된다. 나아가 오십노선의 승무원 수를, 다소의 가감이 있었을 지라도 1척당 80명으로 산정하면, 오십노선은 앞서 언급했던 것처럼 3천척이 집결해 있었으므로 이들 배의 승무원 수는 24만 명을 헤아리게 된다. 이와 같이 하여 아시아에서 공격해 온 해상부대는 그 총병력수가 실로 51만 7610명에 이르렀던 것이다." 이처럼 고대 지중해의 배는 한 척에 3백 명이 승선할 수 있었다.

또한 조선술의 발달은 돛대의 변화를 가져왔다. 상선은 둥근 형태에 높이가 높고, 흘수가 얕은 배였다. 주로 한 개의 돛대에 종사각형이나 장방형의 돛이 매달려 있었고, 보통 작은 돛대는 뱃머리 쪽으로 기울여져 있었다. 2세기 이후로는 돛대의 수가 2개에서 3개로 늘어났다. 이처럼 조선술은 점점 더 장거리 항해에 적합하게 발전해 갔다. 그리하여 자연 환경에 의해 갈라진 지역은 인간의 노력(기술)에 의해 다시 만날 수 있었다.

아프리카에서 출현한 인간은 오직 두 발로 걸어 전 지구로 퍼져나갔다. 그들은 더 멀리 가면 갈수록 더욱더 돌아올 수 없는 곳으로 걸어갔으며, 따라서 점점 서로를 잊어갔다. 그러나 그들은 새로운 기술의 발달에 의해 잊혀진 사람들을 다시 만날 수 있었다. 초원과 사막의 말과 낙타, 그리고 바다의 배는 지구를 하나의 세계로 연결했던 것이다.

3. 동 · 서 세계의 통로들

미지의 세계에 대한 인간들의 모험 이야기는 오래 전부터 기록되어 전해온다. 헤로도토스는 BC 6백년 경에 페니키아 선원들이 현재의 시에라리온과 시리아를 일주한 일을 자세히 서술했다. 헤로도토스는 또 몇 개월에 걸쳐 아프리카 남서쪽 사막을 여행한 북아프리카 출신의 젊은 탐험가 5명에 관한 이야기를 전하고 있다. 'duniya'라는 단어는 아랍어, 힌디어에서 '세계'라는 뜻이다.[18] 이처럼 두 지역이 같은 뜻의 단어를 쓰는 것은 이들 지역이 서로 만나 교류하였다는 증거일 것이다.

미지의 세계에 대한 호기심에서 출발한 모험은 경제 욕구의 충족을 가져왔다. BC 138년, 한무제는 장건을 서역에 파견했는데 한 무제의 사절은 중국산 죽순과 갖가지 상품들이 박트리아에서 판매되고 있는 것을 보고 깜짝 놀랐다. 이것은 중국 남서 지방의 무역상들이 인도를 거쳐 들여온 상품들이었다. 장건의 서역 원정이 있은 2백년 후 감영(甘英)은 메소포타미아까지 갔다가 돌아왔다. 그리고 1세기의 소책자 『엘리스리언해 항해기』에는, "이 섬(홍해 입구의 소코트라 섬)에는 교역을 위해 이주한 아랍 사람, 인도 사람, 그리스 인들이 뒤섞여 있었다."는 기록이 있다.

이러한 탐험과 교역의 과정에서 참깨(胡麻), 오이(胡瓜), 누에콩(胡豆), 마늘(胡蒜), 호두(胡桃), 석류, 완두콩, 당근, 포도, 거여목 등이 서역에서 중국으로 전해졌다. 중국에서는 호식(胡食)이 크게 유행하여 호병(胡餠), 포도주(胡酒)를 즐기게 되었다.

18) 나얀 찬다, 앞의 책, 22쪽.

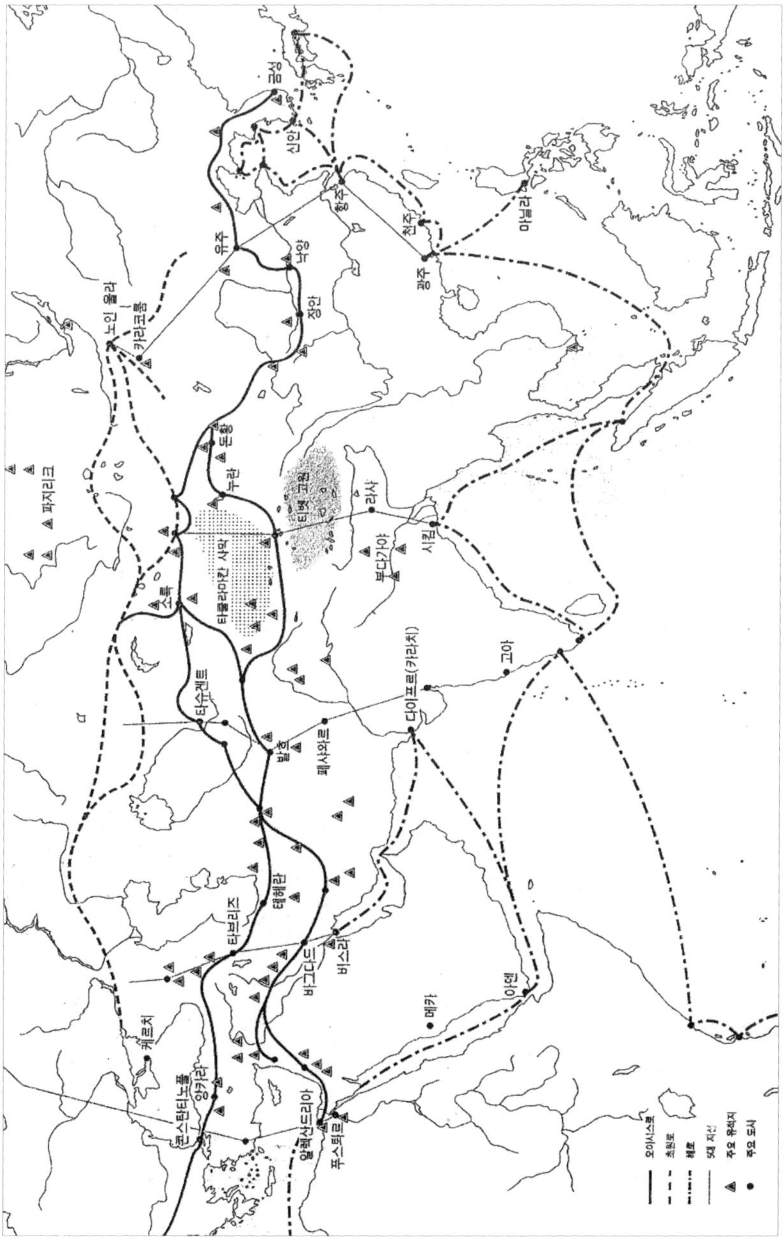

실크로드(출전 : 정수일, 『고대문명교류사』, 사계절, 2001)

중국에서 서방으로 전해진 것도 있었다. 비단, 종이, 나침반 등은 중국에서 시작되어 점차 서방으로 전해졌다. 종이는 751년 중국에서 사마르칸트로 전해지고, 793년에는 바그다드, 900년에는 카이로, 1100년경에는 대서양을 바라보는 위치에 있는 페스(모로코 북부의 도시), 1150년에는 이베리아반도의 하티바 등으로 퍼져갔다. 이 같은 교류는 문화의 발달을 촉진했다.

문화는 스스로 발전하기도 하지만 교류에 크게 의존한다. 그리고 전파에 의해 새로운 문화가 융성하기도 한다. 그런데 문화권과 문화권이 서로 교류하는 데는 반드시 두 지역을 이어주는 가교 구실을 하는 매개물이 필요하다. 바로 그 매체 중의 하나가 바로 실크로드였다. 실크가

투르판의 포도. 포도는 서역에서 동아시아로 전파된 대표적인 산물이다.

전해진 물품의 길이었던 실크로드는 세계문화 발전에 중추적 역할을 담당했다. 즉 물품의 통로였던 이 길은 문화 교류의 매개물이 되었다.

실크로드는 태고로부터 아시아와 유럽, 북아프리카대륙을 소통시켜 주는 동 · 서 교역로였다. 실크로드는 유라시아 남북으로 여러 갈래의 길이 거미줄처럼 얽혀 있어서 세계를 동서남북으로 연결해주고 있는 문화 교류의 통로였다. 막대한 물량의 중국 비단이 대상들의 낙타 등에 실려 내륙아시아, 이란 및 시리아를 통하여 지중해와 유럽으로 가던 것에서 실크로드라고 명명되었으나, 그 외의 문화, 종교적 교류와 동서양 상호 간의 실생활에 준 전반적인 영향은 다 열거할 수 없을 정도이다.

일반적으로 실크로드는 장안(서안)에서 로마까지라고 하나 한반도까지 이어졌다. 그리고 다시 일본 열도로 연결되었다. 그리하여 일본을 실크로드의 종점이라고들 한다. 이는 역대 왕들의 유품을 보관하고 있는 정창원에 있는 물건들이 증명해주고 있다.

실크로드라는 명칭은 19세기 독일의 지리학자인 리히트호펜으로부터 시작되었다. 실크로드는 다음의 몇 단계를 거쳐 확인되었다. 리히트호펜은 1869~1872년에 중국을 답사한 후 1877년부터 다섯 권으로 된 방문기 『중국』(China)을 출간했다. 그는 1권 후반부에서 동서교류사를 개괄하면서 고대에 중국으로부터 중앙아시아의 시르다리야와 아무다리야 사이의 트란스옥시아나 지방을 경유해 서북 인도로 수출되는 주요 교역품이 비단이었던 사실을 감안해, 중국으로부터 인도까지의 이 교역로를 독일어로 '자이덴슈트라센(Seidenstrassen)' 즉, '실크로드(Silk road)'라고 명명했다.

20세기 초 서구의 탐험가와 고고학자들에 의해 비단 유물이 발견되면서 실크로드에 대한 관심은 더욱 고조되었다. 탐험가인 스웨덴의 헤딘과 영국의 스타인 등은 중앙아시아 각지에서 뿐만 아니라, 멀리 지중해 동안의 시리아 팔미라에서도 중국 비단 유물을 발견했다. 그리하여 독일의 동양학자 헤르만은 1910년 이 비단 교역의 길을 시리아까지 연장하고, 전례에 따라 그 이름을 '실크로드'라고 재천명했다. 그런데 전 단계와 마찬가지로 이 단계에서도 비단 유물은 주로 동서로 펼쳐진 여러 사막에 점재한 오아시스들에서만 발견된다. 그리하여 이 길은 오아시스들을 연결하여 이루어진 길이므로 일명 '오아시스로(Oasis Road)'라고도 했다. 이 길의 동단은 중국 장안(현재의 서안)이고 서단은 시리아의 팔미라였다.

제2차 대전 후 학계에서는 문화 교류와 그 통로에 관한 연구를 심화시켜 오아시스로를 한반도와 로마까지 연장했을 뿐 아니라, 실크로드의

대표적인 오아시스, 월아천(중국 둔황)

중앙아시아의 초원

범위도 크게 넓혔다. 즉 유라시아대륙의 북방 초원지대를 지나는 초원로(Stteppe Road)와 지중해로부터 중국 동남해안에 이르는 해로(Sea Road)까지 포함한, 이른바 '3대 간선(초원로, 오아시스로, 해로)'으로 그 범위를 확대했다.[19)]

유라시아대륙의 북방 초원지대(북위 40~50)를 횡단하는 초원로는 가장 오래된 실크로드로서, 그 주 통로는 흑해 동남부 - 카스피해 - 아랄해 - 카자흐스탄 초원 - 알타이 산맥 남부 - 중가리아 분지 - 오르혼 강 연안 - 화북 - 동북 - 한반도로 이어진다.

이에 비해 중앙아시아를 중심으로 한 건조지대(북위 40도 부근의 사

19) 정수일, 『고대문명교류사』, 사계절, 2001.

막)에 흩어져 있는 오아시스들을 연결한 오아시스로는 시리아사막 – 카비르 사막과 루트사막(서아시아) – 카라코룸사막 – 키질룸사막(남러시아) – 타클라마칸사막(중국) – 고비사막(몽골) 등 여러 사막지대를 동서로 관통한다. 로마에서 장안까지 이어진 오아시스로는 1만 2천 km에 달했다.

남방의 해로는 지중해에서 홍해와 아라비아해를 지나 인도양과 태평양에 이르는 바닷길이다. 이 길은 로마에서 중국 동남해안까지 1만 5천 km에 이른다. 이 길은 중세에 와서 주요 교역품의 이름을 따 '도자기의 길', '향료의 길'이라고도 불렸다.

이상의 3대 간선에 유라시아대륙의 남북을 관통하는 5대 지선도 확인된다. 이리하여 실크로드는 문자 그대로 동서남북으로 얽히고설킨

아라비아 향료들

그물망의 교통로였다.

이처럼 실크로드는 초원의 길, 오아시스의 길, 바다의 길, 이 3개의 길 가운데 오아시스의 길을 지칭하는 것이었으나 현재는 이들 모두를 아우르는 상징적인 명칭으로 확대되었다. 전통적 실크로드의 전개 과정(BC 8세기~BC 18세기)은 그 양상에 따라 개척기와 번영기, 쇠퇴기의 3기로 구분할 수 있다.[20]

개척기는 BC 8세기경에 스키타이가 초원로를 이용하기 시작한 이래, BC 2세기 중국 전한의 장건이 '서역공착' 즉 서역로를 뚫고, 1세기경 로마인들이 해로를 통해 동방 원거리 무역을 단행함으로써 동서 간의 통교가 이루어지기 시작한 시기까지를 아우른다. BC 7~8세기에 스키타이가 이른바 '동방무역로'를 개척해 초원로를 통한 동 · 서 무역을 시작하고, 인도인과 그리스인들이 남해에 진출했으며, 이어 BC 6~5세기에는 페르시아인들이 '왕의 길'을 비롯해 파미르 고원 이서의 오아시스 육로를 개척했다.

번영기는 서기 초에 중국 비단이 다량으로 서역에 전해진 때부터 당 · 송 제국과 이슬람 제국에 의해 진행된 활발한 동서교류와 몽골제국의 정복, 그리고 '대항해시대'의 개막을 거쳐 16세기 신구 대륙 간에 해로가 개척되고 교역이 진행되기까지의 시기에 해당한다.

쇠퇴기는 17세기 이후 근대적인 민족국가들이 태동함으로써 지역 간의 자유로운 이동이 제약을 받는데다가 동력에 의한 근대적 교통수단이 도입되어 초원로와 오아시스의 이용은 퇴조를 맞았다.

그런데 실크로드는 발전 단계마다 한반도까지 연장되었다. 일찍부터 한반도가 오아시스로와 초원로를 통해 로마, 중앙아시아를 비롯한 북방

---

20) 정수일, 「실크로드의 개념과 그 확대」, 『실크로드의 삶과 종교』, 사계절, 2006.

문화권과 교류하였다는 사실은 여러 자료를 통해 확인된다. 해로의 경우, 한반도는 중국은 물론 멀리 동남아시아와 아랍과 바닷길을 통해 내왕하고 교역했다.

3 동 · 서 교류의 전개 양상

벤트리는 동 · 서 문화 간의 만남을 다음과 같이 네 시기로 구분해서 이해했다.[21] 첫 시기는 BC 2백 년에서 AD 4백 년 사이로 중요한 문화 간 만남이 이루어졌다. 그러나 로마와 한 제국이 몰락하고 전염병이 창궐하여 이 시대는 종말을 맞았다.

6세기부터는 다시 장거리 무역이 되살아나면서 문화 간 만남이 집중적으로 이루어지는 제2차 시기가 시작되었다. 이 시기의 만남은 당, 압바스조, 카롤링거 등의 대제국과 유목민족의 협력을 바탕으로 이루어졌다. 아울러 이 시기의 만남은 지중해, 아라비아해, 인도양, 동지나해를 건너가는 해로의 이용도 큰 도움이 되었다. 이렇게 육로와 해로를 통해 다시 한번 유라시아대륙이 연결되었고, 군인과 상인, 그리고 선교사들이 오고갔다.

2차 시기의 끝 무렵은 새로운 시기로 자연스럽게 이어졌다. 3차 시기는 대략 1천 년에서 1350년 사이였다. 이 시기에는 육지든 바다든 장거리 교역이 더욱 증가했으며, 그로 인해 상이한 문명의 주민들이 서로

---

21) 제리 벤트리, 앞의 책, 2006.

접촉하게 되는 기회가 계속 생겨났다. 그러나 14세기에 엄청난 파괴력을 발휘하며 확산된 선(線)페스트는 한동안 문화 간 만남의 자취를 완전히 감추게 만들었다.

문화 간 만남의 4차 시기는 이른바 '지리상의 발견'과 함께 도래했다. 유럽은 구대륙과 신대륙을 포함한 세계 전역에서 영토와 교역권을 확장해 나갔다. 이 시기는 1500년에서 1900년까지 해당한다. 이러한 구분에 따라 동 · 서 교류를 개관하면 다음과 같다.

1. 고대의 동 · 서 교류

이방인과의 거래는 비옥한 초승달 지대에서 정착 생활을 시작한 문명의 여명기부터 함께 했다. 외국 산물에 대한 필요와 기호가 인간을 상거래로 이끌었다. 대개는 통치자의 허가를 받아 거래를 했고 세금을 냈다. 반면 사치품을 확보하고 상거래를 통한 이윤을 축적하기 위해 통치자 자신이 교역의 주체가 되기도 했다. 석기와 조개껍질이 교환되었다는 증거는 중동과 서아시아 전역에서 발견된다.

비옥한 티그리스와 유프라테스 강 유역에는 충분한 식량과 옷을 만들 양모가 있었지만 청동제 전투 장비를 만들 만한 천연자원은 전혀 없었다. 그리하여 4000년 된 메소포타미아 점토판에는 물물교환을 긴급히 성사시켜야 한다는 기록이 남아 있다. 그리고 이 지역의 대상(隊商)들은 곡식과 양모를 실은 300마리의 당나귀를 끌고 1,280킬로미터에 달하는 여행을 하기도 했다. 당나귀 대상은 하루 평균 약 32킬로미터를 이동했고, 당나귀 한 마리는 평균 90.7킬로그램의 짐을 날랐다.

한편 BC 3천 년경에 이집트인들은 배를 타고 나일강 상·하류를 항해했을 뿐만 아니라 홍해를 건너 푼트(현재의 에리트리아)라고 부른 지역과 방향(芳香) 교역에 나섰다. 이집트의 파라오들은 푼트까지 교역 원정대를 파견하기 시작했다. 이들은 푼트의 족장들과 물물교환을 하기 위해 구슬주렴, 도끼, 팔찌, 포도주를 가져갔으며, 돌아올 때는 기린과 표범의 가죽을 가지고 왔다. 항해에 사용한 커다란 배와 당나귀를 이용한 대상(隊商)이 동원된 푼트 원정대는 교역면에서 볼면 엄청난 발전이었다.

또한 바빌로니아 지역도 교역이 활발했다. 함무라비법전에는, "상인이 교역을 위해 상대자에게 옥수수, 양모, 기름 또는 어떤 종류의 상품을 제공하면, 교역 상대자는 물품의 가치를 기록하고 상인에게 (대금을) 지불한다. 교역 상대자는 상인에게 지불한 대금을 적은 봉인된 영수증을 수령한다."고 되어 있다. 그리고 메소포타미아와 인더스 강 계곡에서 발전한 하라파문명 사이에도 정기적인 교역이 이루어졌다. BC 12세기경에는 메소포타미아와 소아시아 사이에 당나귀를 이용한 대상(隊商) 노선이 확립되었다.[22)]

그리고 고대 이스라엘 역사를 쓴 익명의 역사가는 「열왕기」에서 솔로몬왕의 궁궐에서 이루어지던 교역에 대해 이렇게 간략하게 묘사하고 있다. "시바 여왕은 솔로몬 왕의 명성을 듣고 그에게 어려운 문제를 던져 시험하려고 예루살렘에 왔다. 그녀는 향료를 실은 낙타, 엄청난 양의 황금, 보석을 실은 대규모의 대상단을 함께 거느리고 왔다." 이러한 이야기는 지중해 동쪽의 팔레스타인 지역과 아라비아 남부가 서로 교류하였음을 보여준다.

---

22) 제리 벤트리, 앞의 책, 35쪽.

한편, 헤로도투스는 지중해 북쪽의 에게해와 소아시아 사이의 교류를 이렇게 전하고 있다. "밀레토스의 독재자 아리스타고라스는 클레옴메네스 치하의 스파르타에 도착하자 왕과 면담에 들어갔다. 스파르타인이 말하는 바에 따르면, 이때 아리스타고라스는 전 세계의 지형과 함께 해양과 하천 등이 모두 새겨져 있는 동판을 휴대하고 있었다고 한다. … 아리스타고라스는 휴대해 온, 동판에 새겨진 세계 지도를 보이면서 이렇게 말했다. '리디아인의 동편에는 프리기아인이 있습니다. 제가 아는 한 이 나라는 세계에서 가장 가축과 곡물량이 풍부한 곳입니다. 프리기아인의 이웃에는 우리가 보통 시리아인이라고 부르고 있는 카파도키아인이 살고 있으며, 이와 인접해서 해안에 이르기까지는 킬리키아인이 거주하고 있습니다. 그리고 그 해안에는 키프로스 섬이 떠 있습니다. 이 킬로키아인들은 매년 페르시아 왕에게 500탈란톤의 공물을 바치고 있습니다. 이 킬리키아인의 이웃에는 아르메니아인이 살고 있는데, 이 나라도 역시 가축이 풍부한 나라입니다. 다음으로 아르메니아인의 이웃인 주변 일대에는 마티에노이라는 민족이 살고 있습니다. 그 이웃이 카시아국으로, 이 나라에 바로 이 코아스페스 강을 연해 대왕이 살고 있는 유명한 수사가 있습니다." 이처럼 그리스와 소아시아인들은 당시 지중해 연안 세계에 대한 정보를 잘 알고 있었다.

그리하여 그리스뿐 아니라 소아시아인들은 동 · 서 교류에 크게 기여했다. 특히 BC 6세기부터 AD 4세기까지 지중해에서부터 동으로 인더스강 계곡까지 이르렀던 고대 페르시아의 아케메네스제국은 잘 건설된 도로와 공통의 화폐로 인도와 유프라테스 강 사이뿐 아니라 지중해에 이르는 동 · 서양 무역을 촉진하는 데 크게 기여했다.

그리고 BC 332년부터 알렉산드리아가 그리스의 지적 활동의 중심지였던 아테네를 대체하면서 동서양의 상업적, 문화적 교류의 십자로 역할을 담당했다. 플라톤에게 심원한 영향을 미쳤던 피타고라스는 이집트를 방문한 적이 있었는데, 거기서 그는 인도철학을 접했다고 한다. BC 3세기 초 독실한 불교신자였던 인도의 아소카왕은 불교를 전파시키기 위해 승려들을 서방으로 파견하였고, 불교에 관한 그의 칙령을 그리스어와 아람어로 번역하기도 했다.

BC 327년 알렉산더대왕의 인도 침공은 동 · 서양 만남의 가장 극적인, 그리고 가장 실증적인 시발점이 되었다. 알렉산더와 그의 동료들은 인도에 대해서 이미 상당한 지식을 가진 듯하다. 알렉산더대왕의 인도 침략에 동행했던 그리스 역사학자 아리스토볼로스는 쌀이 무엇인지를 배운 최초의 서구인이었다. 그는 “모판에 씨를 뿌리고, 물에 잠겨 있는

알렉산드리아 항구

이상한 식물은 이삭이 많이 달려 있고, 대량으로 산출된다."고 했다.[23]

로마시대에는 양모, 금, 은 등이 동방의 비단, 향료 등과 교환됨으로써 동·서 교역이 번성했다. 플리니우스는『박물지』에서, "우리는 이제 옷감을 얻기 위해 세레스(중국)로 여행을 떠나고, 진주를 캐기 위해 홍해의 심연을 뒤지고, 비취옥을 찾기 위해 땅을 파헤치는 꼴을 보게 되었다. 사람들은 귀에 구멍을 뚫는 것도 태연히 받아들이게 되었다. … 우리 제국에서 매년 인도와 세레스와 (아라비아) 반도로 빠져나가는 돈이 아무리 적게 잡아도 최소한 1억 세스테르티우스에 이른다. 그것은 우리가 사용하는 사치품과 우리 여인네들에게 들어가는 비용이다."라고 하였다. 서기 14년에 로마 원로원은 남자들의 비단옷 착용을 금했지만, 교역은 여전히 줄어들지 않았다.

동·서 무역은 대부분 외국의 수도로 외교사절을 파견하면서 시작되었다. BC 25년, 인도왕은 바리가자(현재의 수라트 근처)에서 출발한 사절단을 로마로 파견했다. 이 사절은 메소포타미아까지 항해해 온 후 대상들을 따라 4년에 걸친 여행 끝에 로마에 이른 것으로 보인다. 이러한 동·서 교류의 증대로 인해 실크로드라는 명칭이 정착되었다.

한편, 순자(荀子, BC 300~230년경)는 중국이 수입하는 많은 상품들을 다음과 같이 묘사하였다. "먼 북방에 잘 달리는 말과 잘 짖는 개가 있다. 그런데 중국에서는 이들을 구해 가축으로 사용하고 있다. 먼 남방에서는 새깃과 상아와 외뿔소 가죽과 단사가 난다. 그런데 중국에서는 이것을 구해 재물로 삼고 있다. 먼 동방에서는 자초와 칡베, 물고기, 소금이 난다. 그런데 중국에서는 이것들을 구해 입기도 하고 먹기도 한다. 먼 서방에서는 짐승들의 가죽과 무늬 있는 쇠꼬리가 난다. 그런데

23) Alfred W. Crosby, *Ecological Imperialism: The Biological Expansion of Europe 900~1900,* Cambridge University Press, 1986, p.136.

중국에서는 이것들을 구해 사용하고 있다." 그리고 사마천은 『사기』에서, "한나라가 박트리아 왕국과 관계를 맺기 위해 사절단을 파견한 뒤면 서역의 야만인들은 모두 목을 길게 늘이고 동쪽을 바라보면서 중국의 모습을 잠깐이라도 보려고 애썼다."고 동 · 서 교류를 표현했다.

중국은 장건을 통해 실크로드를 개척했다. 실크로드를 따라 일련의 세계사적인 사건들이 일어나고 수많은 민족과 국가들이 흥망성쇠를 거듭하였다. 실크로드를 통해 전개된 교류의 실상이 점차 밝혀짐에 따라 그만큼 이 길의 개념은 확대되었으며, 그 개념의 확대는 교류에 대한 시야를 그 만큼 넓힐 수 있게 했다. 실크로드는 교류의 통로이자 역사 변동의 통로였다.

서역으로 떠나는 장건(동그라미 안)을 묘사한 둔황 벽화

장건은 실크로드 1차 개척 기간 동안(BC 138~126) 중앙아시아(페르가나, 부하라, 사마르칸트 등)의 교역, 지리, 문화 등 다방면에 관한 많은 정보들을 알게 되었고, 또한 페르시아, 아랍, 로마제국에 관한 이야기도 전해 듣고 이에 관한 많은 지식들을 중국에 전파하였다. 또한 한

무제는 흉노에 대항할 동맹자를 찾기 위해 장건을 다시 서역으로 파견하면서 2차 실크로드 탐험이 시작되었다. 장건이 쿠차 서부 지역의 우순 왕국에 도착하였으나 동맹에 관심을 보이지 않자 장건은 다른 사절을 파르티아와 인도를 위시한 여러 왕국에 파견하였다.

파르티아(Parthia, BC 247~AD 224)는 중국 사절을 환대하였으며 답례로 후한에 사신을 파견하여 이후 양국은 교역 외에 정규적으로 외교사절을 왕래하기 시작하였다. 파르티아는 현재 이란의 호라산 지역에 있던 고대 왕국으로 카스피해의 남동지방을 본거지로 하였다. 이후 이란 북동으로 영토를 확장하고 중국, 로마와 긴밀한 관계를 가졌다. 그리하여 파르티아는 실크로드의 중심부에 놓이게 되었다.

4~5세기 사이에 비단은 중국만이 아니라 페르시아, 인도, 비잔틴제국에서도 생산되었다. 비잔틴제국의 황제는 실크 산업을 진흥시키기 위한 수단을 강구하였다.[24] 그 결과 그들은 유럽에 성공적으로 비단을 수출할 수 있었다. 유럽의 교회에서 발견되는 천 개가 넘는 비단 천을 분석해보면, 오직 하나만이 중국에서 생산된 것이다. 유럽에 있는 중국 비단 대부분은 실제로는 비잔틴에서 만들어진 것이었음을 알려준다.

그러나 독점권을 상실한 이후에도 중국인들은 뛰어난 기술로 보다 복잡한 직조 방식을 이용해서 훨씬 더 촘촘한 비단을 생산했기 때문에 경쟁에서 우위를 확보하였다. 중국인들은 인도 시장을 목표로 한 특별한 목적을 가지고 수출용 비단을 생산하기 시작하였다. 구법승들은 여행비용 충당을 위해 다량의 중국산 비단 두루마리를 가지고 갔다.

동 · 서 교류에서 인도와 서역의 역할은 매우 중요했다. 중국은 규소

24) 발레리 한센, 신성곤 옮김, 『열린 제국 : 중국 고대~1600』, 까치, 2005, 209쪽. 최근 우즈베키스탄에서 진기한 비단이 발견됨으로써 중국 비단의 수출시기가 대략 BC 1200년경까지 거슬러 올라가게 되었다.

함량이 많은 저급한 품질의 유리를 생산할 수 있었지만, 외국 유리를 지속적으로 수입하였다. 유리의 두 가지 형태에 대한 차이가 질적 수준의 문제임을 알지 못한 채 중국인들은 유리(琉璃)와 파리(玻璃)라는 두 단어를 사용하였다. 파리란 산스크리트에서 온 차용어이다.

또한 서역에서 꽤 많은 수의 사산조 드라크마 은화 혹은 사산조 은화를 본뜬 모방 동전들이 발견된다는 점이 주목된다. 현재 발견된 가장 이른 예는 4세기 샤푸르 2세(309~379)의 동전이다. 4세기대의 사산조 은화는 히라-호자, 즉 고창성에서 집중적으로 발견되었으며, 그 숫자만 100여 건에 이른다. 쿠차와 카라샤르에서도 5세기 후반의 페로즈(457~484) 은화가 출토되었다. 이후 6세기말~7세기 초의 호스로 2세

고창고성(高昌古城). 고창국은 실크로드에서 번성한 대표적인 오아시스의 국가였다.

(590~627)의 은화는 주로 투르판 아스타나고분에서 발견된 것들이다. 가장 많은 수가 발견된 지역은 서역북도 우차(烏恰)인데, 918매의 동전 중 연대를 알 수 없는 210매를 제외한 거의 대부분의 동전이 후스로 2세의 것이다. 우차는 지금의 카슈가르 북쪽, 키르기즈스탄 국경 아래쪽에 위치해 있는데, 당시 카슈가르와 사마르칸트를 잇는 길목이었을 것으로 추정한다.[25] 이처럼 동·서양을 잇는 통로에서 그 중간에 자리한 서역과 인도는 양 끝을 이어주는 징검다리와 같은 존재였다.

동·서 교류에 있어 서역의 중요성은 종교 교류의 측면에서도 매우 중요하다. 중국은 서역으로 불린 중앙아시아를 통해 불교를 받아들였다. 중국 문헌에서 부처에 관한 최초의 기록은 『후한서』에 나타나 있다. 65년, 강소성 북추의 팽성에서 초왕 영이 인사(仁祠, 사찰)를 세우고 부처를 받들었다고 하여 황제가 이를 칭찬하는 칙서를 내렸다. 그리고 148년에 파르티나(안식)로부터 승려 안세고(安世高)가 낙양에 도착하였다.

인도로 간 중국의 구법승들에 대한 기록도 등장한다. 법현은 399년에 중국을 출발하여 인도를 방문했다. 그는 "(스리랑카) 옥불상 곁에서 있을 때 갑자기 한 상인이 중국산 하얀 비단 부채를 예물로 바치는 것을 바라보았다. 부지불식간에 나는 서글픈 감정이 복받쳐 올라 눈물이 넘쳐흘렀다."고 기록했다. 법현은 스리랑카에서 2년을 더 머무른 후 해로를 통해 귀국했다.

한편, 고대 동·서 교류는 한반도까지 이어졌다. 그 증거는 아프랍시아 벽화에 나타난 한반도 사신에서 확인되고 있다. 아프랍시아 벽화는 우즈베키스탄 공화국의 사마르칸트 교외에 있는데, 1965년 러시아 고

25) 임영애, 「서역불교미술에서의 鳥翼冠과 冠帶」, 『중앙아시아연구』 11, 2006, 130쪽.

고학자 알바움 등의 발굴에 의해 옛 궁전지가 발견되었다. 이 벽화에 그려져 있는 인물의 모습과 의복, 장신구를 통해 제작 연대는 7세기 말로 추정된다. 벽화 16행의 소그드문자를 해독한 결과 왕의 이름은 바르흐만(Varkhuman)으로 밝혀졌다. 이 벽화에 나타난 한반도인은 바로 한반도와 중앙아시아의 교류를 증명한다.

한편, 아랍 문헌에 의하면 무슬림은 신라의 존재를 알고 있었다. 여러 기록에 아랍 상인이 신라와 교역한 사실과 오래도록 신라 땅에 머물기를 염원하는 글이 발견된다. 이븐 후르디(886년 사망)의 『제도로 및 왕국총람』에, "중국의 맨 끝 깐수(Quansu)의 맞은편에 산이 많고 왕이 많은 나라인 신라가 있다. 그곳은 금이 풍부하다. 그곳에 간 무슬림들은 좋은 환경에 매료되어 그곳에 영구 정착해 버리곤 한다. 그곳의 저쪽 편에 무엇이 있는지 알 길이 없다."고 했다.

아프랍시아 벽화의 오른쪽 제일 아래쪽(동그라미 안)에 깃털달린 모자를 쓰고 있는 두 사람이 고구려 사신들이다.

그리고 알마스우디(?~957)는 『황금 초원과 보석광, 학습과 개관』에서, "중국 건너편의 바다 쪽에 신라와 그에 속한 도서를 제외하고 어떤 나라나 도시도 알려져 있지 않다. 이라크나 다른 나라들로부터 간 외국인들은 그곳이 공기가 맑고 물이 좋고 땅이 비옥하며 자원이 풍부해서 떠나려 하지 않는다. 그곳 주민들은 중국인과 관계가 좋아서 중국 황제에게 선물을 보낸다. 그 곳 주민들은 스스로를 아무르의 후손이라 한다. 이미 서술한 바와 같이 중국해는 신라에서 끝난다. 육지의 동쪽 끝은 신라이다. 그곳에서 알렉산더대왕이 세운 장성(만리장성)이 끝난다. … 7번째 인종군은 중국과 신라 및 그 주변 국가들인데, 그들은 노아의 아들 야페트의 아들 아무르의 후손이다. 이들은 모두 한 임금을 섬기며 같은 말을 쓴다."고 하였다.

2. 중세의 동 · 서 교류

7~8세기 중엽 유라시아는 모든 지역에서 큰 변화가 일어났다. 그것은 카롤링거왕조, 압바스조, 위구르왕조의 등장과 중국 당왕조의 건국이었다. 이 사건들은 각 지역의 역사에서 매우 중요한 분수령이었다. 그러나 이 시기 가장 큰 변화는 이슬람제국의 형성이었다.

원래 향신료 상인이었던 선지자 무함마드가 건설한 이슬람제국은 처음부터 무역에 우호적이었다. 아랍인, 이집트인, 페르시아인은 이슬람교와 공통의 규범 아래 새롭게 통일되었다. 페르시아만과 홍해는 경쟁을 멈추고, 과거 알렉산더시대에 그랬던 것처럼 하나의 바다가 되었다. 이슬람 통치자의 후원 아래 면화, 사탕수수, 쌀, 수수, 감귤류, 코코넛,

바나나, 시금치, 가지 같은 무수히 많은 작물들이 스페인과 모로코 전역과 인도의 동쪽 끝까지 확산되었다.[26]

압바스조의 영토는 인더스강에서 대서양까지 걸쳐 있었는데, 왕조의 중심은 메소포타미아였다. 이 시기에 주민과 상인들은 자유로운 통행권이 확보되어 있었다. 9세기에서 10세기에 알야쿠비(Al-Ya´qubi)나 이븐 하우칼(Ibn Hawqal)[27]과 같이 길을 따라 여행한 아랍 지리학자들의 묘사라든가, 카이로에 거주하면서 이란과 이베리아반도까지 교역의 범위를 넓힌 유대인들의 자료들이 이를 증명한다. 압바스조는 인도나 중국 등 외부 세계에 널리 개방되어 있었으며, 무슬림들도 이들 나라에

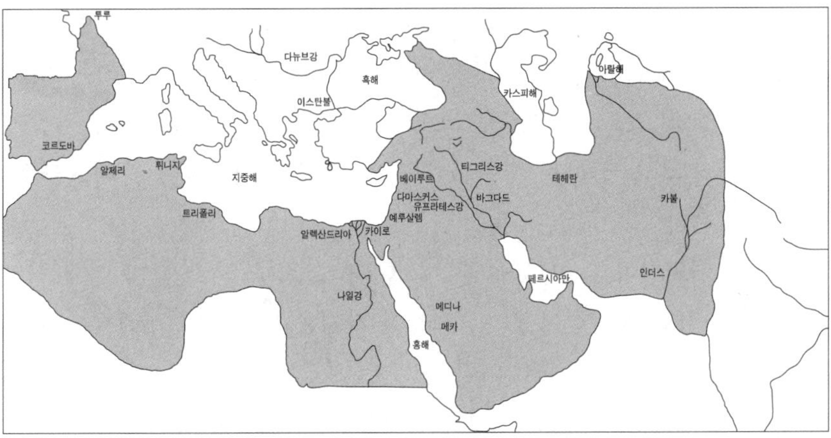

압바스조(750~1258)의 영토는 서쪽으로는 스페인 안달루스로부터 동쪽으로는 중앙아시아를 포함하여 인도 북부까지 걸쳐 있었다.

---

26) Andrew M. Watson, "The Arab Agricultural Revolution and Indiffusion, 700~1100", *Journal of Economic History* 34, 1974.

27) 생몰연대는 알 수 없으나 943년에 바그다드를 떠나 이집트, 서아시아, 중앙아시아를 여행했으며, 『대지의 모습, 일명 여러 도로와 여러 나라에 관한 책』(Kitāb al-Masālik wa al-Mamālik)을 남겼다.

왕래했다. 이 시기는 상인들의 전성기였다. 이러한 상황은 벤하민과 이븐 바투타(1304~1368)의 여행에서 잘 드러난다.

1160년, 투델라 출신의 스페인 랍비 벤하민(Benjamin)은 성지 순례에 나섰다. 그의 여행은 마르코폴로보다 1세기나 앞선 것이었다. 그는 예루살렘과 바그다드를 거쳐 사마르칸트에 이르는 길을 여행하며 13년을 길 위에서 보내고, 아라비아해, 홍해, 카이로를 거쳐 1173년 스페인으로 돌아 왔다.

그가 남긴 『벤하민 여행기』(The Voyages of Benjamin)에는 십자군 시대 중동 지방의 삶에 관한 생생한 기록이 담겨 있다. 그는 "성벽으로 둘러싸인 이 도시(제노바)에 왕은 없고 시민들이 지정한 재판관들만 있다. 모든 사람이 자기 집에 탑을 세워두고, 불화가 있을 때는 탑 꼭대기로 몰려가 서로 싸운다. 그들은 바다를 지배하고, 갤리선이라는 배를 건조하고, 그리스도교와 이슬람교도의 나라를 약탈하러 나선다. 시칠리아처럼 먼 그리스 땅까지 나아가 모든 궁궐에서 전리품을 가지고 제노바로 돌아온다."고 하였다.

그리고 페르시아의 섬 마을인 키시(kish 호르무즈 근처)에 대해서는, "이곳에는 인도 상인들이 있고, 그들이 가져온 일용품이 거래되는 중요한 시장이다. 이라크, 예멘, 이란 무역상들은 온갖 종류의 비단, 자주빛 옷감, 아마, 면, 대마, 콩, 밀, 보리, 기장, 호밀 등 갖가지 곡물을 수입한다. 섬사람들은 인도에서 수입한 상당량의 향신료를 가지고 중개 무역을 통해 벌어들인 돈으로 살아간다. 섬에는 약 500명의 유대인이 있다."고 묘사했다.

한편, 1325년 6월의 무더운 어느 날, 22세의 이븐 바투타는 메카로 성지 순례를 떠났다. 그는 당시를 이렇게 회고했다. "내 마음은 빛나는 성소를 순례하려는 소망과 굳은 의지로 가득했다. 그리하여 새가 둥지

이븐 바투타 여행로(출전 : 정수일, 『실크로드학』, 창작과비평사, 2001)

를 떠나듯 사랑하는 사람들의 곁을 떠나 고향에 이별을 고하기로 결심했다."

이슬람교도로서 의무를 다하기 위해 당나귀를 타고 집을 떠나면서 그는 이 여행이 당시 세계에서 가장 긴 여정이 될 줄은 몰랐다. 그는 39년에 걸쳐 12만 킬로미터를 여행했다. 두 발로 걷고, 나귀, 말, 낙타, 배 등 이용할 수 있는 모든 수단을 동원해 평생 동안 돌아다닌 결과였다. 바투타는 성지를 방문하고 신성한 은총을 얻기 위해 여행을 시작했지만, 그 결과 그는 세계에서 가장 유명한 여행가가 되었다. 30년간의 여행 동안 그는 중앙아시아의 몽골제국부터 전 세계의 모든 이슬람국가를 방문했다.

벤하민과 이븐 바투타의 여행이 보여주듯 10세기 말을 전후해서 동 · 서 교류의 통로는 실크로드에서 바닷길로 바뀌었다. 그러나 오래 전부터 바다는 동 · 서 교역의 통로였다. BC 2세기부터 페트라(요르단 서남부)에 기지를 둔 그리스와 로마의 대상(隊商)들은 홍해 연안의 항구에서 인도를 향해 출범했는데, 이 바닷길은 훗날 '향료의 길(Spice Route)'이라고 불리게 되었다. 7세기 이후 아랍인과 페르시아인은 이 교역을 이어받아, 티그리스 강어귀에서 출항하여 페르시아만을 따라 내려갔다. 그리고 오래 전부터 인도와 동남아의 상선들은 중국 남부의 광저우로 항해했다. 8~9세기 무렵에는 중국 남부에 아랍, 인도 사람들이 이주하였으며, 이 지역의 항구도시들은 상당수 외국인이 거주하는 국제도시로 번성했다.

중세의 동 · 서 교류는 바다를 통해 이루어지면서 더욱 활기를 띠었다. 그렇다고 실크로드라는 전통의 육상 통로가 그 역할을 그만 둔 것은 아니었다. 중세의 동 · 서 육로 교류에서 서역의 역할은 매우 컸다. 그 중에서도 소그드(Sogd)인의 활약은 매우 두드러졌다.

소그드는 중앙아시아의 아무드자리야와 사르다리야 사이를 흐르는 자라프샨 강과 그 남부의 캬슈카다리야 두 하천을 중심으로 한 지역으로, 현재는 우즈베키스탄과 타지키스탄의 일부이다. 고대의 호칭은 소그디아나(Sogdiana)라고도 한다. 주민은 동이란어계 민족이다. 아케메네스조 페르시아의 하나로 알렉산더대왕에 의해 점령되고 그후 박트리아왕국, 대월지 쿠샨조, 사산조 페르시아, 에프탈, 돌궐의 지배를 받았다. 전한시대는 강거국(康居國), 후한 이후에는 속과(粟戈), 속특(粟特), 강국(康國)이라고 하였다. 소그드인은 풍요로운 자라프샨강 유역에서 농업과 목축에 종사하며 동서교통의 요지라는 지리적 이점을 이용하여,

BC 2세기부터 그리스와 로마의 기지였던
요르단 페트라의 나바트 유적

실크로드 상의 국제상인으로 활약했다.

당(唐)의 자료들은 소그디아나 출신의 사람들을, 보석으로 장식한 아홉 부족이라는 뜻의 '소무 9성(昭武九姓)'이라고 불렀다.[28] 그 중 활약이 두드러진 7성과 그 출신지는 다음과 같다.

안(安) 부라하(현재의 부하라)
조(曹) 카부단, 굽단(자라프샨 강 북쪽)
하(何) 쿠샤니야(사마르칸트와 부라하 사이)
강(康) 사마르칸트(현재의 사마르칸트)
미(米) 마이무륵(자라프샨 강 남동쪽 또는 판지켄트)
사(史) 케쉬(현재의 샤흐리사브즈)
석(石) 차치(현재의 타쉬켄트)

소그드인들은 일찍부터 무역에 두각을 나타내었다. 당나라 사람들은, "남자는 다섯 살이 되면 글을 배우기 시작해 어지간히 배우고 나면 곧 집을 떠나 장사를 익힌다. 그들에게는 돈을 많이 버는 것이 곧 선행이다. 강국에서는 어린이가 태어나면 입 안에 석밀을 넣어주고 손바닥에 아교를 바른다. 그것은 어린이가 자라서 입에서는 언제나 달콤한 말이 술술 나오고 돈을 쥐면 아교처럼 딱 붙어서 빠져 나가지 말기를 소원함이다. 남자는 20세만 되면 돈을 벌려고 외국에 나간다."[29]고 그들을 묘사했다. 이러한 표현처럼 당 왕조에서 소그드인들은 동·서 육로 무

28) 昭武는 소그드어 jamuk, 즉 보석에 대한 중국어 음사라고 한다. 張廣達, 「唐代六胡州等地的昭武九姓」, 『西域史地叢稿初編』, 上海古籍出版社, 1995; Yosida Yutaka(吉田豊), "On the Origin of The Sogdian Surname Zhaowu(昭武) and Related Problems", *Journal Asiatique* 291, 2004.

29) 『당회요』 권99 강국.

역에서 큰 역할을 하였다. 그리고 당 · 송 시대에는 이들 소그드인과 함께 아랍과 인도 상인들도 왕래했다.

당률 『위금률』(衛禁律)에, "화외인(化外人)과 사사로이 교역해 사고판 자는 1척에 도형 2년 반에 처하고, 3필마다 1등씩 더하며 15필이면 가역류에 처한다."고 규정했다. 그리고 아랍 상인이 많이 들어오자 『송형통』에 죽은 상인의 전물(錢物)에 관한 내용에 외국인과 페르시아인에 대한 부칙(附則) 조문을 두었다. 그리고 송 신종(1048~1085) 때의 「희령편칙」에 "여행객 · 상인이 상품을 싣고 어떤 지역에 가서 팔려면 공빙(公憑)을 보여줘야 한다."거나 "앞으로 외국 상인이 용뇌, 침향, 정향, 백두구를 팔면 삼로시박사는 관례에 따라 1할(分)을 걷는다."고 정했다. 모두 육로와 해로를 통해 중국에 들어온 외국 상인에 대한 문제에서 비롯된 법률 조항들이다.

그리고 왕대유가 천주에 지사로 근무할 때 외국 상인이 다른 사람과 다투었는데, 다치지 않으면 소로 속죄하게 하는 사례에 대하여 "어찌 중국에 오랑캐의 법이 있을 수 있는가? 우리 경내에 있는 만큼 우리 법을 따라야 한다."고 이의를 제기했다. 또한 왕환지(王渙之)가 광주 지사로 있을 때 "외국 상인이 노예를 죽였는데, 시박이 옛날처럼 장형이나 태형에 처하는 것은 받아들일 수 없으니 법대로 처벌해야 한다."고 주장한 이야기도 『송사』에 전해온다. 이것은 당 · 송 시대에 천주 · 광주 같은 남부 항구 도시에 많은 외국인이 거주하였기 때문에 발생한 문제들이었다.

그런데 동 · 서 교류는 몽골에 의해 새로운 전기를 맞이하였다. 몽골군은 용맹한 기마병을 앞세워 당시의 모든 문명권을 지배했다. 당시 문헌은 아랍과 몽골군의 전투 상황을 다음과 같이 전해주고 있다.

나는 이슬람 교력 656년(1258)의 전쟁 때 아군의 평화의 도시(바그다드) 서쪽에서 타타르군을 요격하기 위해 진군했을 때, 군대를 따라갔다. 우리는 두자일 지류의 하나인 바시르 강 근처에서 맞닥뜨렸다. 우리의 전열에서는 1대 1로 싸우기 위해서 완전히 무장하고 아라비아 말을 탄 기사가 나갔다. 그것은 사람과 말이 일체가 되어 마치 커다란 산같이 듬직했다. 그에 맞서 몽골군은 당나귀 같은 말을 타고 손에는 마치 방추 같은 창을 들고, 긴 옷도 갑옷도 입지 않은 기마병 모습으로 나타났으므로 그것을 본 자들은 모두 웃음을 터뜨렸을 정도였다. 그런데 해가 저물기도 전에 승리는 그들의 것이 되고, 우리는 대패했다. 그리고 이 패배가 재앙의 열쇠가 되어

몽골군과 압바스조 군대의 전투 장면

그 후에 그 같은 불운이 우리에게 닥쳤던 것이다.[30)]

유럽과 중국 간의 교류는 몽골에 의해 절정에 달했다. 몽골군은 중국과 유럽의 상업적 연결을 강화한 가장 강력한 존재였다. 몽골의 무역상들은 페르시아에 중국 도자기를 소개했고, 페르시아에서 코발트 염료를 수입하여 중국의 유명한 청화백자를 발달시켰다. 중국인들은 코발트로 만든 청색을 회회청(回回靑)이라고 불렀다. 초원지대 부족들이 사용하던 활로 타는 악기부터 바지와 새로운 음식까지 유럽인의 삶은 몽골의 영향으로 전면적인 변화를 맞았다.[31)]

『대원마정기』(大元馬政記) 「화매마(和買馬)」 조항에 의하면, "화상, 선생(도사), 야리가온(也里可溫, 기독교도), 탑실만(答失蠻, 회교도), 알탈(斡脫, 위구르 상인) 등의 가구에 약 세 살 이상의 거세말, 종마, 어린 말이 있으면 관청에서 수납하고 쓰임에 따라 가초(價鈔)를 지급한다."고 규정했다. 이 조항에 의하면 원 제국은 기독교인, 무슬림, 위구르, 즉 중국인, 유럽인, 아랍인, 서역인이 하나의 세계를 형성했음을 보여준다.

한편, 중세 동 · 서 교류는 한반도까지 이어졌다. 당시 고려는 육로와 해로를 통해 중국과 동남아시아와 연결되어 있었다. 1123년(고려 인종 1년)에 사신으로 온 서긍은 『고려도경』에서 중국과 고려의 교류를 다음과 같이 전해주고 있다.

(고려) 나라 안에는 밀이 적어 상인들이 경동도(중국의 산동성,

---

30) 수잔, 『실크로드 이야기』, 411쪽.

31) Jack Weatherford, *Genghis Khan and the Making of the Modern World,* New York, Crown, 2004.

하남성)로부터 사오므로 면(麵)값이 대단히 비싸서 큰 잔치가 아니면 쓰지 않는다.

고려는 모시와 삼을 스스로 심어, 사람들이 베옷을 많이 입는다. 제일 좋은 것을 시(絁)라 하는데, 깨끗하고 희기가 옥과 같고 폭이 좁다. 그것은 왕과 귀족들이 다 입는다. 양잠에 서툴러 사선(絲綫)과 직임(織紝)은 다 상인을 통하여 중국의 산동이나 민절 지방으로부터 사들인다. 극히 좋은 문라화릉(文羅花綾)이나 긴사(緊絲, 결이 곱고 얇은 비단)나 비단이나 모직물을 짜는데, 그동안 항복한 여진족 중에 장인이 많았으므로 더욱 기교하고, 염색도 그 전보다 나아졌다.

서긍의 증언에 따르면 고려는 밀과 비단을 중국에서 수입했다. 그리고 포로로 잡힌 여진족의 장인들을 고용하여 비단 무늬가 한결 정교해졌다고 한다. 이처럼 고려는 중국과 교역이 활발했다. 그리고 북방민족과도 교역하였다. 당시 고려에는 외국인들이 머무르는 객관이 여럿 있었다. 이에 대해 서긍은 다음과 같이 묘사하였다.

영은관은 남대가의 흥국사 남쪽에 있다. 인은관은 영은관과 나란히 있는데 전에는 '선빈'이라고 하였으나, 지금은 이 이름으로 고쳤다. 이것들은 다 이전에 거란의 사신을 접대하던 곳이다. 영선관은 순천사 북쪽에 있고, 영은관은 장경궁 서쪽에 있는데, 여진 사신을 접대한다. 흥위관은 봉선고 북쪽에 있는데, 전에 의관을 접대한 일이 있던 곳이다. 남문 밖에서부터 양랑까지 관사가 도합 넷이 있으니, 청주 · 충주 · 사점 · 이빈이 그것으로, 다 중국의 상인과 여행자

알이드리시 세계지도 중의 신라 부분(동그라미 안).
신라가 여러 개의 섬으로 묘사되어 있다.

를 접대하는 곳들이다. 그러나 누추하고 허술하여 순천관과는 비교가 안 된다.

13세기 이후 고려는 몽골의 침략을 받은 후 그 영향권에 놓이게 되었다. 따라서 원이 세계 제국을 형성하여 동 · 서 세계를 하나로 묶은 결과, 고려 역시 동 · 서 교류가 더욱 활발해졌다. 그리하여 고려는 "Korea"로 세계에 알려졌다.

아랍은 한반도에 대해 충분히 인식하고 있었다. 이는 지금까지 전하는 아랍 문헌에 잘 드러난다. 알이드리시(1099~1166)는 『천애갈망자의 산책』(1154년)에서 제1구획도 제10부분도에 신라를 표시하고 있으며[32], “이 섬으로부터 신라라는 섬으로 간다. … 그곳에는 카이와(Kaiwa)라는 도시가 있다. 그곳을 방문한 여행자는 누구나 정착하여 나오고 싶어 하지 않는다.”고 기술하였다. 그리고 자카리야 카즈위니(1203~1083)는 “신라는 중국의 맨 끝에 있는 유쾌한 나라이다. 공기가 순수하고 물이 맑고 토질이 비옥해서 병이 없는 곳이다.”라고 하였다.[33] 아불 파디(1273~1331)의 『인류 정보의 요약서』에, “중국의 아래쪽에 중국의 중국이라 불리는 곳이 있으니 동쪽의 마지막 도시이다. 그 뒤로는 태평양이 펼쳐지고 가장 큰 도시는 신라라고 불린다.”고 했다.

그리고 다마쉬끼(1317년 사망)는 『대륙과 대양의 경이에 대한 시대적정선』에서, “신라 군도와 우스티쿤(Ustikun)국을 포함해서 중국의 동부지역은 중국해의 평행선상에 펼쳐진다. … 프톨레마이우스와 기타 지리학자들에 의하면 6개의 섬으로 구성된 신라군도는 중국해의 동쪽에 위치한다. … 암모니아 열도상의 동쪽바다, 중국의 아래쪽 바다에, 신라라는 6개의 큰 섬으로 이루어진 나라가 있다. 우마이야조의 박해를 피해 알라위(Alawi)들이 이곳에 숨어들었다. 매우 어려운 생활 조건 아래 있어도, 그들은 그곳을 떠나려 하지 않는다.”고 했다.[34] 이들 자료가 비록 고려를 신라로 표기하고, 섬으로 묘사하고 있지만, 이들의 활동 시기는 고려조였기에 고려에 대한 정보를 전해주는 것이다.

몽골 제국이 멸망하고 인도양 무역이 이슬람의 오스만 제국의 손으로 넘어간 후 동·서 교류는 전환기를 맞이하게 되었다. 이제 유럽인들

32) 무함마드 깐수, 『新羅·西域交流史』, 143쪽.
33) 金定慰, 「中世 中東文獻에 비친 韓國像」, 『韓國史硏究』 16, 38~40쪽.
34) 이희수, 『한·이슬람 교류사』.

에게 대서양 항해는 더는 피할 수 없는 길이 되었다.

3. 근대의 동 · 서 교류

중국은 명(明) 초기에 정화(1371～1435)를 앞세워 해외 원정에 나섰다. 정화는 부하라의 무함마드 왕의 후예인 이슬람교도 하지의 아들로 태어났다. 정화의 원래 이름은 마화(馬和)였는데, 마씨는 무함마드의 중국식 표기였다. 정화가 10세가 되던 1381년에 새로운 왕조인 명의 군대에 정복되었다. 정화는 이때 사로잡혀 거세된 후 군대에 편입되어 연왕(燕王)의 휘하에 들어가게 되었다. 마화는 부대 안에서 전투와 외교에 능한 하급 군관으로 두각을 나타내었다. 1400년 연왕은 '정난의 변'을 일으켜 조카인 건문제를 폐위시키고, 스스로 영락제가 되었다. 영락제는 동남아시아의 여러 해양국들을 복속시킴으로써 그 해군력을 과시하려고 했다. 영락제는 태감(太監) 마화에게 정(鄭)이라는 성을 내렸고, 마화는 이때부터 정화라는 이름으로 알려지게 되었다.

'서양'(西洋) 방문 해상사절단의 총사령관으로 임명된 그는 1405년 62척의 배와 2만 7,800명의 인원을 거느리고 원정에 나섰다. 그의 선단은 참파(지금의 베트남) · 시암 · 말라카 · 자바를 방문하고, 인도양을 건너 캘리컷 · 코친 · 실론(지금의 스리랑카)을 방문한 뒤 1407년 중국으로 돌아왔다. 그후 제2～6차 원정에서 동남아시아, 인도, 페르시아 만, 아라비아 반도, 아프리카 동부해안 등을 차례로 방문했다.[35] 이때 각국

35) 작가이자 아마추어 역사가인 멘지즈는 『1421년 : 중국이 세계를 발견한 해』에서 정화의 함대가 콜럼버스보다 앞서 아메리카를 발견하였다고 주장했다. 그 주장에 대한 허구성은 존 클라크 외, 『지도박물관』, 웅진씽크

의 외교 사절단을 중국으로 데려와 경제적 · 문화적 교류를 촉진했다. 1424년 영락제가 죽은 후 새로 등극한 홍희제는 정책을 바꾸어 해상원정을 중단시켰다. 그러나 정화는 1431년 겨울 마지막 원정을 떠나 동남아시아 · 홍해 등지를 방문했다. 그는 1433년 여름 중국으로 돌아와 1435년에 죽었다.

정화의 해외원정이 영락제의 허영을 만족시켜준 것 이외는 별다른 성과가 없었다고 평하기도 하지만, 원정의 결과 중국은 그 후 계속해서 동남아시아 지역에서 영향력을 행사할 수 있게 되었다. 또한 원대 이래의 해상권과 상권을 동남아 지역에서 유지할 수 있었다. 그의 원정으로 중국인의 해외 이민이 늘어나게 되어 동남아시아에서 중국의 영향력을 확대하는 계기를 마련했다. 최부(1454~1504)의 『표해록』에는 이 시기 활발했던 명의 동남아무역을 중국인의 증언을 통해 전해주고 있다.

> 2월 초 10일, 우리나라(명) 소주, 항주와 복건, 그리고 광동 등지에서는 바다를 다니며 장사하는 사선(私船)이 점성국, 회회국 등지에서 홍목과 후추, 그리고 번향을 수매하느라 배가 끊이지 않지만 열이 가면 다섯만 돌아오게 되니, 그 길이 이렇듯 매우 험난하오. 그러나 북경으로 가는 하로(河路)는 아주 좋소. 이런 까닭으로 유구, 일본, 섬라, 만랄가 등에서 공물을 진상할 때, 모두 복건포정사에서 배를 정박한 뒤 이 항주부에 이르게 되고 가흥을 지나 소주에 도착하오. 천하의 견직물인 사와 라, 여러 가지 보화는 모두 소주로부터 나오지요. 소주를 지나 상주를 지나면 진강부에 이르러 양자강을 지나게 되는데, 물결이 매우 세차고 험악하여 풍랑이 없어야 비로소 건널 수 있을 것이오. 이 강을 지나면 바로 경하(京河)에 다

빅, 2007, 358~363쪽 참조.

다르게 되는데, 운하로 거의 40일 정도 걸린다오..

정화의 원정 이후 사실상 중국 주도의 동·서 교류는 그것이 마지막이었다. 이제 동·서 교류의 주도권은 서구 세계로 넘어갔다.

페르낭 브로델의 표현을 빌리면 "무역의 바다를 싹 쓸고 있는" 이슬람의 번영기에 외부 세계를 향한 유럽인의 관심은 상당 기간 침체되어 있었다. 그러나 신석기시대의 농업혁명과 함께 인류문화를 한 단계 발전시킨 상업혁명(Commercial Revolution, 1520~1650)은 세계를 유럽의 것으로 만들었다. 이 시기 동양과 서양과의 만남은 15~16세기 이래 진행해온 지리상의 발견으로 인한 전 지구적인 탐험 여행과 그 결과로 일어난 유럽의 정치 경제적 힘의 팽창과 함께 시작하였다.

유럽의 변화는 15세기에 들어 조선술의 발달로부터 시작되었다. 서유럽의 대서양 연안에 사는 사람들은 15세기 초에 몇 달 동안 항구에 들르지 않고도 항해를 계속할 수 있는 신형 외양 항해용 범선을 고안해 냈다. 이 시기 50년 동안에 원양 항해용 범선은 돛대가 하나뿐인 배로부터 3개의 돛대가 있는 배로 발전했다. 이 기술혁명을 이룩해 낸 서유럽인은 그 덕분에 지구상의 모든 방면으로 갈 수 있게 되었을 뿐만 아니라, 그들이 만나는 모든 비서유럽인 항해자를 압도하여 해상의 패권을 차지했다.

1440~90년 사이에 만들어진 서유럽의 배는 옛날부터 지중해에서 사용되었던 노로 추진하는 갤리선(Gally)의 장점과, 적어도 세 가지 다른 종류의 범선에서 장점을 취해 만들어졌다. 하나는 갤리선과 같은 시대의 배로서 역시 지중해에서 쓰였던 횡범식의 '둥근 배'인 캐랙선(Carrack)이었으며, 둘째는 대형 삼각돛을 장비하고 인도양을 항행하던 카라벨선(Caravel)이었다. 카라벨선은 이집트 하셉수트여왕(BC 1486~

68년) 시대에 동아프리카의 푼트 땅을 정복한 선박의 그림 속에 묘사되어 있다. 셋째는 BC 56년에 카이사르가 후에 브리타뉴라는 이름으로 불리게 된 반도를 점령했을 때 본 범선이다. 이 네 가지 형의 배에서 가장 뛰어난 점을 종합하여 새로운 형의 배를 완성된 것은 15세기의 끝 무렵이었다. 당시 가장 우수한 배는 넬슨(1758~1805) 제독 시대의 배와 큰 차이가 없었다.

포르투갈 항해자들은 이 같은 배를 타고 항해를 떠나 1420년경에 마데이라제도, 1432년에 아조레스제도를 발견한 뒤, 1445년경에 베르데곶을 돌아 대서양에 면하는 아랍 연안을 우회하는데 성공했다. 그리고 1487~88년에는 희망봉을 돌아 1498년에 인도 서안의 캘커타에 상륙하였다. 1498년, 바스코 다 가마의 캘커타 상륙은 힌두세계와 서유럽, 이 두 문명사회가 중간 단계를 거치지 않고 만난 첫 직접 접촉이었다.

서유럽인들은 1511년에 말라카해협에 진출하였고, 1516년에는 광동에, 1542~43년에는 일본 연안까지 나아가는 데 성공했다. 이제 유럽인들은 아랍인의 손에서 인도양의 해양권을 탈취하게 된 것이다.

유럽인의 동양 여행은 동양사상과 문화를 직접 자신들이 유럽으로 가지고 가는 계기가 되었다. 16~17세기에 인도와 중국, 일본에 침투했던 가톨릭교회의 예수회는 선교 사업을 통해 얻은 동양의 정보를 그들 나라로 곧장 보고했다. 그리고 그들이 보내온 보고와 번역들은 17세기 후반 유럽에 광범위하게 보급되었다.

근대 서양인들은 아시아를 왕래하며 동 · 서 교류를 주도해 갔다. 이제 세계의 모든 정보는 유럽인의 손에 있었다. 이에 비해 중국은 외부세계로 나가 적극적으로 교류하려 하지 않았다. 그러나 그들은 여전히 세계의 중심으로 자처했다. 세계사의 변화 속에서 그들의 전통적인 세계관은 변하지 않고 있었다. 청의 건륭제가 조지 3세에게 보낸 편지

(1793)는 이를 잘 보여준다.

> "천자지국(天子之國)[청]에는 모든 것이 풍족하고 부족함이 전혀 없기 때문에 이방인들과 교역을 할 필요가 없다. 그러나 차와 비단과 도자기 같은 천자지국의 토산품은 그대와 그대의 나라에 절대적으로 필요한 것인 바, 광저우에 공행(公行) 설치를 허가하여 그대가 원하는 바를 이루도록 해주었으니, 그대의 나라는 천자의 은혜를 입은 것이다."

청이 보여준 폐쇄적인 태도는 더 이상 동아시아가 동 · 서 교류의 주역이 아님을 보여준다. 일시적으로 개방의 문을 열었던 일본은 물론이고 조선 역시 외국에 대한 쇄국의 길을 택했다. 따라서 서양인의 눈에 근대 동아시아는 '잠자는 사자(중국)', '은둔의 나라(조선)'로 비추어졌다.

참고문헌

金定慰, 「中世 中東文獻에 비친 韓國像」, 『韓國史硏究』 16, 1977.
김정위, 『이슬람문화사』, 탐구당, 1989.
金昌錫, 「8~10세기 이슬람 제종족의 신라 來往과 그 배경」, 『韓國古代史硏究』 44, 2006.
김철웅, 「고려와 大食의 교역과 교류」, 『문화사학』 25, 2006.
라이샤워, 『중국중세사회로의 여행』, 한울, 1991.
발레리 한센, 신성곤 옮김, 『열린 제국 : 중국 고대~1600』, 까치, 2005.
수잔 휫필드, 김석희 옮김, 『실크로드 이야기』, 이산, 2001.
슈펭글러, 박광순 옮김, 『서구의 몰락』, 범우사, 1995.
요시미즈 츠네오, 오근명 역, 『로마문화왕국 신라』, 씨앗을 뿌리는 사람, 2002.
원승룡, 『문화이론과 문화철학』, 서광사, 2007.
이두현, 『한국의 가면극』, 일지사, 1979.
이희수, 『한·이슬람 교류사』, 문덕사, 1991.
장 카르팡티에·프랑수아 르브룅, 강민정·나선희 옮김, 『지중해의 역사』, 한길사, 2006.
정수일, 『新羅·西域交流史』, 단국대출판부, 1992.
정수일, 『씰크로드학』, 창비, 2001.
정수일 역주, 『혜초의 왕오천축국전』, 학고재, 2004.

제리 벤틀리, 김병화 옮김, 『고대 세계의 만남』, 학고재, 2006.

토인비 · 섬머빌, 『역사의 연구』, 동서문화사, 1978.

필립 D. 커틴, 김병순 옮김, 『세계무역의 역사』, 티브북, 2007.

히라노 겐이치로(平野健一郎), 장인성 · 김동명 옮김, 『국제문화론』, 풀빛, 2004.

岸邊成雄, 송방송 역, 『고대 실크로드의 음악』, 삼호출판사, 1992.

A. Frank and B. K. Gills, *World System*, Routledge, New York, 1992.

Nayan Chanda, 유인선 옮김, 『세계화, 전 지구적 통합의 역사』, 모티브, 2007.

제2부

경주에서 바그다드까지

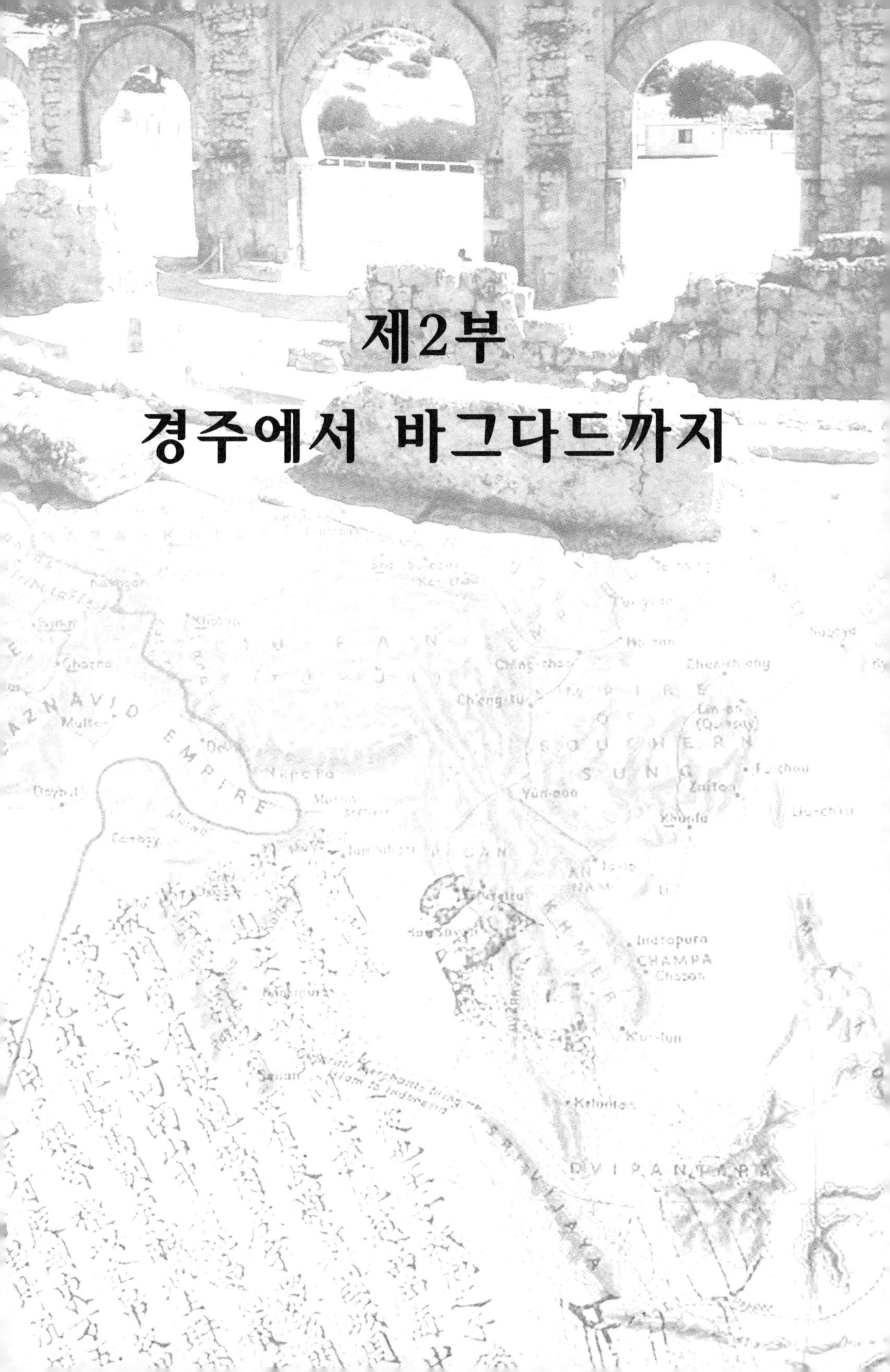

1 동아시아와 중앙아시아의 교류

1. 자연 환경과 교통로

지리적으로 볼 때 중앙아시아는 서쪽의 카스피해에서 동쪽의 중국까지 광대한 지역을 아우르고 있다. 20세기 초에 이 지역의 중심부를 탐사한 고고학자들 가운데 가장 유명한 오렐 스타인(Aurel Stein)은 2대 문명 사이에 끼여 있는 이 지역을 '세랭디아(Serindia, 'Ser'[중국을 뜻하는 Seres[1]의 준말]와 'India'의 합성어)라는 프랑스어 용어를 만들었다. 그는 "그 지리적 범위는 서쪽의 파미르 고원과 동쪽의 태평양 연안 사이에 띠처럼 길게 뻗어 있는 광대한 건조지대 전역을 포함한다. 이 지역은 거의 1천 년 동안 교역과 정치적 침투를 통해 들어온 중국 문명과 불교를 통해 전래된 인도문명이 만나는 특수한 접점을 형성했다."고 했다.

1) 비단을 뜻하는 'si'[絲]에서 유래한 말로 원래 '비단을 만드는 사람'이라는 의미였는데, 그리스 · 로마시대에 중국을 지칭했다.

사마르칸트에서 장안까지의 여행은 거리(약 5,000km)만이 아니라 지리적 장애물이 많은 험난한 길이다. 유라시아 평원 동쪽 끝의 사마르칸트에서는 동쪽으로 가는 길이 여러 개 뚫려 있지만, 어느 길이든 험준한 산맥을 넘어야 한다.

약사르테스(시르다리야) 강의 발원지인 페르가나 골짜기는 북동쪽의 천산 산맥과 남동쪽의 파미르 고원 사이에 끼여 있다. 길은 골짜기 끝에서 이들 두 준령을 잇는 테레크다반 고개를 넘은 다음 타림분지의 카슈가르로 내려간다.

파미르고원은 해발 6,000m가 넘는 산봉우리가 하늘을 찌를 듯이 솟아 있으며, 골짜기는 해발 3,600m 내지 4,200m 사이에 자리 잡고 있다. 차치에서 하미까지 뻗어 있는 천산산맥은 중앙아시아 북부와 중앙부를 구분하는 경계를 이루며, 5,000m 이상의 봉우리를 여럿 갖고 있다.

파미르 고원과 천산산맥이라는 천연 장벽을 지나면, 타림분지를 만나게 된다. 타림분지는 그 이름이 암시하듯, 서쪽의 카슈가르에서 동쪽의 로프노르까지 약 1,500km, 북쪽의 타림 강에서 남쪽의 곤륜산맥 기슭까지 약 500km에 걸쳐 뻗어 있는 둥근 모양의 우묵한 저지대이다. 분지의 대부분을 차지하고 있는 것은 타클라마칸 사막인데, 모래가 아니라 바위가 부서져 생긴 잔돌로 이루어져 있다. 강수량은 거의 없지만, 충적토 황토가 아주 비옥해서, 산에서 물이 흘러내리는 사막 언저리에서는 관개 시설을 이용하여 농사를 지을 수 있다. 타림분지의 서쪽 끝인 카슈가르에서 실크로드는 두 갈래로 나뉘어 사막 가장자리를 따라가게 된다. 남로(南路)로 접어들면 약 500km까지는 곤륜산맥의 능선이 6,000m 높이까지 솟아 있어서, 남쪽으로는 사실상 뚫고 내려갈 수 없는 장벽을 이룬다. 타림분지로 흘러드는 몇 개의 물줄기는 접근조차 하기 힘든 깎아지른 협곡을 통해 흐르고, 곤륜산맥의 북쪽 비탈은 인간

천산산맥과 만년설.
천산산맥의 만년설에서 녹아내린 물은 타클라마칸 사막의 오아시스로 흘러간다.

의 발길을 거부하는 험준한 불모지다. 이 길의 유일한 오아시스는 남쪽에서 사막을 가로지르는 물줄기 옆에 자리 잡고 있는 호탄이지만, 물이 흐르는 것은 여름철뿐이다.

곤륜산맥은 거기서 다시 북동쪽의 로프노르를 향해 700km 가량 뻗어 나가다가, 고도가 낮아지면서 남산(南山) 산맥과 이어진다. 여기까지 오는 동안 곤륜산맥의 북쪽 비탈 너머에는 자갈로 뒤덮인 황량한 비탈이 100km가 넘게 뻗어 있다. 캬슈가르에서 갈라진 북로(北路)는 남쪽 길보다는 비옥한 땅을 지나고, 해발 900m 내지 1,300m 높이에 위치한 오아시스 도시인 아커쑤(阿克蘇)와 쿠차를 지나게 된다. 이 길의 북쪽에는 천산산맥이 가로놓여 있지만, 도중에 이시크쿨 호수와 몽골 스텝으로 통하는 고개가 여러 개 뚫려 있다.

타림분지의 동쪽 끝에는 로프분지를 비롯한 여러 분지가 자리 잡고 있다. 늪지대인 로프분지는 바싹 말라서 소금으로 뒤덮인 거대한 함수호 로프노르와 이어져 있다. 로프 분지에서 동쪽으로 뻗어 있는 또 다른 강 유역은 남쪽의 곤륜산맥과 북쪽의 천산산맥의 동쪽 지맥 사이로 300km가 넘게 뻗어 있다. 그 끝자락에 자리잡고 있는 것이 당하(黨河)강이 흘러드는 둔황이다. 또한 이곳은 북로와 남로가 다시 만나는 곳이기도 하다. 북로는 마지막 주요 도시인 하미에서 남동쪽으로 방향을 돌려 유난히 황량한 지역을 가로지른 다음 안전한 둔황에 도착한다. 둔황 동쪽에 이어져 있는 작은 분지들은 오늘날 간쑤 회랑이라고 부르는 통

실크로드의 관문 둔황의 모습. 타클라마칸 사막으로 가는 길목에 있다.

화염산과 고비사막. 고비사막은 모래사막이 아니라 자갈로 이루어진 사막이다.

로를 이룬다. 간쑤회랑 북쪽에는 야트막하고 단조로운 모래 언덕이 굽이굽이 이어져 있고, 그 북쪽 너머에는 다시 끝없는 사막이다. 이곳은 돌투성이의 건조한 지역으로 고비사막의 일부이다. 이 사막의 바닥은 모래로 이루어져 있고, 타클라마칸 사막과 만나는 남서쪽 언저리에서만 타마리스크를 찾아볼 수 있다. 나머지는 모래와 자갈이 얇게 뒤덮인 암반이다.

사마르칸트에서 북동쪽과 남쪽으로 이어지는 길도 있다. 북동쪽 길은 띠 모양의 사막을 가로지른다. 이 사막은 '붉은 모래사막'이라고 불리지만, 실제로는 작은 산맥과 넓은 초원, 그리고 비옥한 땅이 점점이 흩어져 있다. 약사르테스강을 건넌 뒤에도 이 길은 계속 북동쪽으로 나아가 차치(타슈켄트)에 이르면, 천산산맥 북부의 골짜기를 지나서 천산 산맥과 알타이산맥 사이에 있는 이시크쿨 호수에 이른다. 실크로드에서 가장 북쪽에 있는 이 길은 계속 천산산맥 북쪽을 지나서 베슈발리크(우루무치 근처)에 이르며, 하미에서 천산 산맥 동쪽 기슭의 낮은 언덕들을 가로질러 타림분지의 북쪽을 지나는 길과 다시 만난다.

베슈발리크에서 하미로 가지 않고 계속 북동쪽으로 갈 수도 있다. 그러면 중가리아 목초지와 몽골 스텝을 가로질러 투르크계 부족들이 자리 잡은 오르혼 강에 이른다. 사마르칸트에서 남쪽으로 가는 길은 파미르 고원의 서쪽 언저리와 옥수스 강 사이의 낮은 평원을 지나 박트리아의 발흐로 이어진다. 여기서 동쪽으로 방향을 잡아 카슈가르 강 상류에서 파미르 고원을 가로질러 타림분지로 내려갈 수도 있고, 남동쪽으로 방향을 잡아 인도 북부로 들어갈 수도 있다.

인도로 들어가는 길은 힌두쿠시 산맥을 넘게 되는데 사람이 접근할 수 있는 지점이 몇 군데 밖에 없다. 만년설이 뒤덮여 있는 주봉들은 5,500m 높이로 솟아 있고, 평균 고도는 4,500m가 넘는다.[2)]

이렇듯 사마르칸트와 장안을 잇는 실크로드는 남쪽과 북쪽의 여러 지점에서 다른 길과 교차한다. 여러 갈래의 교통로가 유라시아 지역을 가로질렀고, 상인과 용병과 승려를 비롯한 다양한 사람들이 이 도로망을 따라 여행했다. 이 도로망이 바로 '실크로드(Silk Road)'이다. 실크로드는 사실 하나의 길이 아니지만, 그리고 상인들은 비단 외에도 소금 · 양모 · 비취를 비롯한 갖가지 상품을 실어 날랐지만, 편의를 위해 이 도로망을 통틀어 실크로드라고 부른다.

실크로드의 1차 전성기는 한나라가 BC 1세기에 흉노를 격퇴하고 교

2) Susan Whitfield, *Life Along the Silk Road, London, John Murray,* 1999; 김석희 옮김, 『실크로드 이야기』, 이산, 2001.

역로의 안전을 확보하면서 시작되었다. 한나라는 BC 121년 간쑤회랑에서 흉노를 몰아내고 서쪽으로 더 나가 타림분지와 파미르 고원을 넘어 페르가나까지 장악하여 실크로드의 기반을 다졌으며, 후한 이후 남북조 시대에 들어 실크로드는 더욱 번성하였다. 후한에 쫓겨 초원로를 따라 서방으로 진출한 흉노는 4세기 후반에는 유럽까지 서진하여 발칸 동유럽 지역의 민족대이동을 유발하여 세계사 전개에 큰 영향을 미쳤다. 이 시기는 교역뿐 아니라 다양한 문화와 통교가 융화, 교류하던 시기였다. 실크로드 주변에는 상인, 군인, 선교사들이 넘쳐나는 국제도시들이 즐비했다.

흉노 정벌을 상징적으로 보여주는 마답흉노상(馬踏匈奴像).
한나라는 흉노를 제압하고 실크로드를 개척했다.

실크로드 제2전성기는 수(586~618)와 당(618~906)대에 들어 최고조에 달했다. 당의 현장(602~664)은 인도 불상을 가지러 타클라마칸 북로 실크로드를 통과하였다. 그는 641년 많은 경전과 불상을 가지고 돌아올 때는 타클라마칸 남쪽 길을 경유하여 힌두쿠시와 파미르의 두 험로를 넘어 645년 장안으로 돌아왔다. 그리고 당나라 수도 장안은 수많은 외국인들로 번창하였다. 장안에는 페르시아인, 아랍인, 인도인, 중앙아시아인 등이 다양한 품목의 상품을 대량으로 교역하는 시장이 열렸다. 당 멸망 이후 송대(960~1279)에는 영토가 축소되고 더욱이 중앙아시아 지역에 대한 통제력이 약화되어 실크로드를 통한 교역이 약화되었다. 그 대신 해로를 통한 교역은 매우 활발했다.

종교 활동 관리와 형사 업무를 위시한 일반 행정까지 담당하던 번방(蕃坊)은 당대부터 시작되어 송, 원대에 이르러 더욱 번성하여 여러 곳의 무역항에 설치되었다. 이러한 번성과 함께 번방은 송대에 이르러서는 해외무역 장려를 최우선으로 하였다. 이 시기 중국의 해외 무역에는 육로와 해로를 통해 들어온 대식(압바스) 상인이 큰 역할을 했다.

실크로드는 몽골과 원(1279~1368) 시대에 제3의 전성기를 맞이하게 된다. 몽골 세력은 중국은 물론 중앙아시아와 아랍, 인도 북부, 그리고 유럽까지 진출하였다. 이 시기에 마르코폴로 부자가 몽골을 여행하였다. 그러나 실크로드는 원 멸망 이후 쇠퇴의 길을 걸었다. 16세기에 들어서 유라시아 동서 무역은 해상 위주로 재편되었고, 유럽이 주도한 지리상의 발견은 이를 더욱 재촉하였다. 기존의 실크로드는 유럽 주도의 해상 실크로드로 대체되기 시작하였다.

실크로드의 융성은 무역의 융성뿐 아니라 도시의 발달과 문화 교류의 융성을 가져왔다. 비단의 교역이 중국과 파르티아 사이에 시작되었고, 파르티아를 중계지로 하여 중국 비단이 로마에 수출되었다. 실크

외에 자기, 모피, 향료, 보석 등이 교역품에 추가되었고, 중국이 발명한 화약, 종이가 전파되었다. 중국은 유럽, 아랍 중앙아시아로부터 금, 은, 향수, 상아, 양탄자, 유리제품을 수입하였다. 물품뿐 아니라 시리아의 마술사나 체조 경기인들도 교류하였다.

실크로드는 상품의 교환 공간만이 아니라 다양하고 풍부한 문화 전파 및 교류의 장으로 큰 역할을 하였다. 이 길을 통과해 종교를 전파하고, 여러 왕조의 사절이 왕래하고, 상인들이 이동하며 교역하면서 각 지역의 문화, 생활 풍습과 이야기를 전달하였다. 간다라 미술의 중국 전래도 실크로드를 통한 것이었다.

불교와 이슬람, 기독교 그리고 마니교, 네스토리우스교, 조로아스터교, 유대교 등이 실크로드를 통해 전파되었으며, 철학, 사상, 예술이 실크로드를 따라 흩어져 있는 각 지역들 사이에 교류하였다.

사마르칸트와 장안에는 마니교 사원이 세워졌으며, 예수의 인성(人性)을 강조하여 유럽에서 이단시된 네스토리우스교는 중앙아시아를 건너와 7세기에 박트리아를 지배하고 있던 투르크인들을 개종시키고 638년 장안에 교구가 설치되었다. 사산조 페르시아의 국교이던 조로아스터교도 6세기에 사마르칸트에 보급되고 실크로드를 통해 중국에 전해져 7세기 초에는 장안에 사원도 세워졌다. 또한 5세기 중엽 이후 사산조 페르시아의 박해를 피해 동부로 이동한 유대교도들은 사마르칸트와 인도에 유대교 공동체를 형성했고 이후 8~9세기에는 카스피해 북부와 중국까지 진출하였다.

한편, 서역인의 당나라 진출과 문화 교류는 종교 외에 음악, 무용, 미술, 건축, 그리고 복식과 음식 등 생활 문화 더 나아가 행정 및 상역업무에 이르기까지 광범위하게 확대되었다.

631년 동돌궐이 당에 복속된 이후 중국으로 이주한 서역인은 중, 강,

안, 조, 미 등의 성씨를 갖게 되었다. 서역 출신은 악기와 무용, 회화에 뛰어난 재능을 보였다. 당은 서역인을 통해 무용과 건축 양식을 도입하였으며 의복과 음식 등에서 페르시아문화가 유행하였다. 서역인의 활동은 당 제국 이후 송 · 원대에도 지속되었으며 특히 몽골의 서방 정벌과 4대 칸국의 건설로 더욱 활기를 띠었다. 원은 이들과 유럽인을 통틀어 색목인이라 통칭하였는데 이에는 24종족이 포함되어 있었다. 이들은 몽골인 다음가는, 따라서 한인보다 높은 사회적 지위를 누렸으며 특히 중앙아시아 출신의 무슬림들은 사회 각 분야에서 중추적 역할을 담당하였다.

이처럼 실크로드는 동 · 서문화가 교류하는 통로였으며 유라시아 지역의 고대, 중세를 거쳐 근대에 이르는 역사 속에서 끊임없이 진행되어 온 세계화의 공간이었다.

2. 문화 교류의 흔적들

1) 동아시아와 중앙아시아의 교류

지금까지 신장 지역에서는 BC 2천 년에서 5백 년 사이의 것으로 추정되는 100구가 넘는 사람들의 사체가 보존된 채 발견되었다. 말라붙은 시체는 놀랍게도 백인종인 듯하다.[3] 사체들은 둥근 눈과 커다란 코라는 백인종의 특징을 가지고 있고, 옅은 색 머리털과 흰 피부를 지녀 중국인이 아닌 유럽인으로 추정된다. 그들 중 일부는 키가 180센티미

3) 발레리 한센, 신성곤 옮김, 『열린 제국 : 중국 고대~1600』, 까치, 2005, 56쪽.

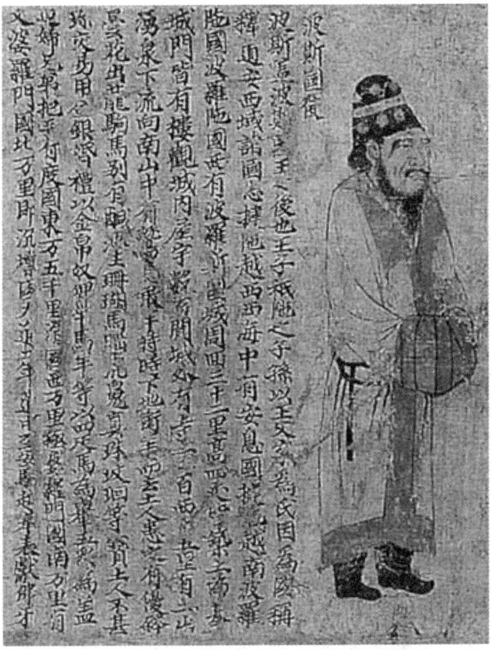

양(梁) 직공도에 묘사된 페르시아인

터에 달하는데, 이는 고대 중국에서 찾아보기 어려운 키이다. 무덤에는 유럽의 것과 비슷한 격자무늬 직물이 들어있다. 이를 보면 상(商)나라(BC 1600년경~1046)의 핵심부에서 사용되던 것과는 다른 베틀을 사용했음을 암시한다. 어떤 학자들은 이 백인종이 육로로 멀리까지 여행이 가능한 마차를 타고 현대 중국의 변경까지 여행하였을 것이라 추측한다. 그 길은 바로 '실크로드'였다.

한서 『서역』전에 의하면, "서역은 무제 때 처음으로 통하였다. 원래는 36국으로 그 후 차츰 나뉘어 50여 국이 되었다. (서역은) 모두 흉노의 서, 오손의 남에 있다. 남북은 대산(천산산맥, 곤륜산맥)이 있으며, 중앙에 하천(타림천)이 있다. 동서 6천 리, 남북은 천 여 리로 동방은

옥문관. 간쑤성 둔황에 있던 관문. 한나라 때 서역으로 가던 통로였다.

한(漢) 나라에 접하고 경계는 옥문관과 양관이다. 서방은 총령으로 한계로 하고 있다. … 옥문 · 양관에서 서역에 이르는 데는 2개의 길이 있다. 하나는 선선에서 남산의 북쪽 기슭으로 강을 따라 서행하여 사차(사마르칸트)에 이르는 길로 이것을 남도(南道)라고 한다. 남도는 서쪽으로 총령(파미르)을 넘으면 대월씨, 안식(파르티아)에 이른다. 또 하나는 차사전왕정(투르판)에서 북산을 따라서 강을 따라 서행하여 소륵(카슈가르)에 이르는 길로 이것을 북도라고 한다. 북도는 서행하여 총령을 넘으면 대원(페르가나), 강거, 엄채에 이른다."고 하였다. 이러한 기록은 중국과 동아시아가 교류하였음을 말해준다. 그 중심에 중국 비단이 있었다.

실크 제작은 중국에서 시작되었다. 중국 문헌에 의하면 양잠과 비단 짜기를 처음 한 인물은 황제(黃帝)의 아내 누조(嫘祖)였다. 고대 전설상의 존재인 황제는 5천년 전 황하유역의 수장이었다. 그는 배와 수레, 궁실, 지남거를 발명하고, 창힐에게는 문자를, 영륜에게는 악리를 만들게 하였다고 한다. 그런데 그의 아내 누조는 어느 날 나무 위에서 누에가 실을 토해 고치를 만들고 있는 것을 보았다. 고치 속에 든 누에고치들이 눈보라를 견디며 겨울을 넘긴 것을 본 그녀는 이것으로 옷을 만들면 추위를 막을 수 있으리라 여겼다. 시험 삼아 해보니 과연 짐승의 가죽이나 갈포보다 한결 따뜻하고 가벼웠다. 이듬해 그녀는 야생누에를 거두어 기르니 많은 고치가 만들어졌다. 후에 그녀는 양잠 기술을 사람들에게 가르쳐주었다고 한다.

유물에 의하면 황하유역은 중국 고대 양잠의 발상지이다. 서안 반파의 6천 년 전 신석기시대 유적지에서는 항라(亢羅) 무늬가 찍힌 도자기 그릇이 발견되었다. 또 산서성 하현 서음촌에서 같은 시대의 칼로 찢긴 누에고치를 발견하였다. 양자강 유역 역시 오랜 양잠의 역사를 지니고 있다. 1958년 절강성 오흥현 전산양의 신석기시대 유적지에서 탄화된 비단 조각과 '人'자 무늬가 찍힌 명주끈과 명주실이 발견되었다. 측정 결과 모두 4천 7백 년 전의 유물임이 판명되었다.

상나라 때에 양잠은 중요한 산업이었다. 갑골문을 통해 당시 조정에서는 전문적으로 양잠을 주관하는 관리가 있었을 뿐 아니라 잠신에게 소 세 마리 또는 양 세 쌍을 제물로 올려 양잠의 풍성한 수확을 기원하는 제사를 올렸음을 알 수 있다.[4)]

중국에서 시작된 비단은 서쪽으로 전해졌다. 이에 대해서는 현장의

4) 丘桓興, 남종진 옮김, 『중국풍속기행』, 프리미엄북스, 2000, 258~259쪽.

『대당서역기』에 이야기 하나가 실려 있다. 옛날에 누에도 뽕도 없던 서역 구살단나국(瞿薩旦那國, 지금의 신강 위구르자치구 일대)의 왕자가 누에와 뽕을 도입하기 위해 동쪽 나라에 구혼하고, 비밀리에 공주에게 잠종과 뽕나무 묘목을 가지고 오라고 일렀다. 영리한 공주는 이를 모자 속에 감춰 무사히 국경을 통과하였다. 이리하여 서역에도 누에와 뽕이 존재하게 되었다.

비단과 실크로드로 상징되는 동·서의 교류는 더욱 활기를 띠어갔는데, 가장 주목되는 것은 불교의 전파였다. 쿠차와 둔황 등지를 오고 가면서 활동하던 승려는 적지 않다. 대표적인 인물로 3세기 후반 축법호(竺法護)가 있다. 그는 원래 월지국 사람이었지만 둔황에 오랫동안 머물러 둔황 출신의 승려로 알려졌다. 그가 번역한 『대보적경』의 「밀적금강역사회」(280년 또는 288년 번역)는 금강역사 관련 대표 경전으로 알려져 있다. 경전 권말에는 여러 나라의 지명이 기록되어 있는데, 특히 쿠차, 호탄, 카슈카르(疏勒) 등의 언급으로 미루어 축법호가 이들 지역을 두루 다녔을 가능성이 높다. 아마도 축법호는 3세기 후반 당시 일반적인 통행 루트로 짐작하건대 둔황에서 서역남도를 택하여 호탄을 거쳐 카슈가르에 이른 후, 서역북도로 길을 바꿔 쿠차를 지나 다시 둔황으로 돌아왔을 것이다. 뿐만 아니라 둔황에 머물 당시 쿠차부사인 강자후로부터 『불퇴전법륜경』(不退轉法輪經)을 얻었다는 기록 역시 당시 둔황과 쿠차의 긴밀한 관계를 짐작하게 한다.

5세기 초, 인도승 담무식(曇無讖, 385~433), 카슈미르승 담마밀다(曇摩密多, ?~442) 등도 쿠차를 거쳐 둔황에 이른다. 양주에서 17년간이나 머물렀던 쿠차 승려 구마라집(344~413) 역시 논의할 필요조차 없다. 특히 423년 담마밀다의 행적은 주목을 끈다. 담마밀다는 여러 나라를 두루 돌아다니다가 쿠차에 머물렀다. 그는 쿠차에서 왕의 환대를 받으며 여러 해를 보내다가 고비사막을 지나 둔황에 이르러 절을 세웠다. 이에 관해 『고승전』에 다음과 같이 적고 있다. "여러 나라를 두루 돌아다니다가 드디어 구자에 이르렀다. … 결국 고비사막을 지나 둔황에 이르렀다. 여유 있는 땅에 정사(精舍)를 건립했다. … 얼마 지나서 다시 양주로 갔다."[5)]

중앙아시아의 불교에 대해 『위서』 석노지는 이렇게 전하고 있다. "양주는 대대로 불교를 믿었다. 둔황은 땅이 서역과 인접하고 있었기 때문에 승려도 속인도 자못 서역의 옛 풍속을 보존하고 있었고, 촌락이 서로 이어져 있었으며, 많은 탑과 사찰이 있었다. 태연 연간(435~439)에 양주가 평정되어 그 국인을 경읍으로 옮겼는데, 사문이나 불교의 여러 사물도 모두 함께 동으로 왔기 때문에 불상과 불전은 더욱 증가했다. 얼마 지나지 않아 사문이 많아졌기 때문에 조서를 내려 나이 50세 이하의 사람을 환속시켰다."

중국은 중앙아시아를 통해 서방과 교류했다. 그 과정에서 그 지역에 대한 상세한 정보를 얻었다. 『대보적경』에는, 안식, 월지, 우전, 대진 등 아랍, 중앙아시아 여러 나라와 로마를 열거하고 있다.[6)] 그리고 축법호는 원래 월지 사람인데 서역에서 올 때 거쳐 온 나라가 36국에 달했다고 한다.[7)]

중국이 서역과 더욱 긴밀하게 연결된 것은 둔황 정복이 계기가 되었다. 『후한서』에 따르면 한의 영제는 호복, 호장, 호좌, 호반, 호공후, 호적, 호무를 좋아하였고, 이에 귀족들이 앞 다투어 경쟁적으로 좋아했다

---

5) 『大正藏』 제50책 「고승전」 3 "曇摩密多 此云法秀 罽賓人也 .. 周歷諸國遂適龜 .. 遂度流沙進到燉惶 於閑曠之地 建立精舍 .. 頃之復適涼州"

6) 『大正藏』 권11, 『대보적경』 권10, "各有種號釋種安息月支大秦擾動丘慈于闐沙勒禪善烏耆前後諸國"

7) 『出三藏記集』 권13 「竺法護傳」 제7.

고 전한다. 북위가 둔황을 본격적으로 통치한 것은 정확히 442년부터 534년까지 93년간이었다. 이때 중국은 서역문화의 강한 영향을 받았다. 효문제가 '호복 금지령'(486)를 내릴 정도였다.

서역의 음식도 동아시아에 흔적을 남겼다. 우즈베키스탄의 주식은 파스타와 볶음밥인 palov, 그리고 면과 manti이다. 그리고 카자흐스탄의 주식은 낭류와 뽈로프, manty이다. 그리고 위구르족은 중국의 교자나 한국의 만두같이 속을 넣어 찌거나 삶은 것을 만따(manda, 死面包子)라고 한다. 우즈베키스탄의 manti와 카자흐스탄의 manty는 바로 만두(饅頭)로 그 생김새와 발음이 중국(mántou)은 물론 우리와 비슷하다.

오타니(大谷光瑞)의 기록에 의하면 투루판에서 발굴된 1300년 전의 미라 관 속의 식기 안에 과일, 쌀, 만토우(饅頭)가 들어 있다고 했다. 이 만토우가 한족의 만토우인지 서역의 영향을 받은 것인지 아직은 확실하지 않으나, 현재 아랍지역과 중앙아시아에서는 속을 넣은 만두를 만띠 또는 만돌이라고 광범위하게 공통적인 명칭으로 사용하고 있다.[8)] 그리고 만두는 고려시대에 개경에서도 흔히 볼 수 있었다.

한편, 중앙아시아의 기예가 동아시아에서 유행하였다. 『사기』「대완」전에 의하면, 조지(條支, 시리아)와 안식은 마술을 잘한다고 한다. 그리고 『사기』「대완」전과 『한서』「서역」전에 의하면 안식왕이 한의 사신에 수반하여 사절을 보내 대조란(타조알)과 여헌(알렉산드리아)의 환술

---

8) 김천호, 「몽골과 중앙아시아의 식문화비교」, 『비교민속학』 22, 2002.
중앙아시아의 만두는 밀가루 반죽에 고기나 채소류의 속을 넣어 찐 것으로 요즘의 왕만두와 비슷한 것이다. 중국의 만토우는 속을 안 넣은 부풀린 찐빵을 말하며, 고기나 채소 속을 넣어서 부풀린 찐빵을 뽀즈(包子)라 한다. 우리의 만두는 만두피로 속을 싸서 찌거나 삶은 것으로 이는 중국의 교자와 같다. 터키부터 중앙아시아에 걸쳐서 먹고 있는 만똘류는 우리의 만두 그리고 중국의 교자와 같다.

을 잘하는 사람을 바치자 무제가 매우 기뻐했다고 한다. 이 환술은 칼 삼키기, 불 뿜기, 마상곡예 등과 같은 기예였다. 조지국에도 이러한 예능인이 있었다고 한다. 그리고 『후한서』 권116 「서남이」에는, "변화를 능숙하게 하고 불을 토하고, 자신의 팔다리를 자르고 소와 말의 머리를 바꾸고, 또 공을 몇 개에서 천 개까지 공중으로 띄우는 환인(幻人)이 있다."고 하였다. 그리고 『삼국지』에 의하면 "대진국은 풍속에 기이한 환술이 많은데 입에서 불 나오기, 줄을 묶었다 스스로 풀기, 12개로 하는 공놀이 등이 교묘하다. 중국에 사신을 보내어 통하고자 하였지만 안식이 이익을 도모하려 하기 때문에 지나갈 수 없다."고 하였다. 또한 중앙아시아의 기예는 고구려 수산리 고분벽화에도 묘사되어 있다. 중앙아시아에서 시작된 각종기예가 동·서로 전파되어 갔던 것이다.

평남 강서군에 있는 수산리고분 벽화. 높은 나무다리 위에서 춤추기, 바퀴 던지기, 여러 개의 공을 던져서 받기 등의 곡예를 묘사하였다.

한편 중국과 로마의 직접 교류는 중간에 있던 안식(파르티아)의 방해로 성사되지는 못했다. 그렇다고 두 지역 간의 교류가 완전히 차단된 것은 아니었다. 두 지역 간의 교류의 증거는 여러 문헌 유물로 확인된다.

2) 동아시아와 유럽의 교류

중국은 중앙아시아를 지나 로마제국까지 연결되어 있었다. 『삼국지』 위서 중의 「위략」 서융전에 의하면, "대진은 안식, 조지의 서쪽 대해의 서편에 있다. 배를 타면 바로 도달할 수 있는데 바람을 만나면 두 달, 바람이 더디면 혹은 1년, 바람이 없으면 혹은 3년이 걸리기도 한다. 중국이 사신을 보내어 통하고자 하였지만 안식이 이익을 도모하려 하기 때문에 지나갈 수 없다."고 하였다. 대진은 로마제국의 통치하에 있던 현재의 시리아 지역을 가리킨다. 따라서 기록에 따르면 중국과 로마제국의 직접 교류는 중간에 있던 안식(파르티아)의 방해로 성사되지는 못했지만, 서로의 존재를 잘 알고 있었다고 말할 수 있다. 두 지역 간은 직접 교류보다는 간접 교류가 이루어졌다. 그 사실은 호병(胡甁)이라 불린 유리병, 금 세공품에서 확인된다.

그리스 기형(器形)의 하나인 '오이노코에(Oinochoe)'는 동으로 전래되어 중국에서 '봉수형(鳳首形)'이라는 호병(胡甁)의 유행을 낳는다. 그런데 신라의 대표적인 고분인 황남대총 남분에서 출토된 유리병을 흔히 '봉수형 유리병'이라 부른다.[9]

유리는 대략적으로 BC 3천 년 전부터 BC 1700년경까지는 메소포타미아에서 주로 생산되었으며, BC 1500년경에는 동지중해 연안으로 확산되었고, 이후 이집트가 유리의 중심 생산지였다. BC 1세기 시리아인

9) 이영희, 「동서문화 교류의 흔적」, 『중앙아시아의 역사와 문화』, 솔, 2007.

에 의해 블로잉기법(대롱불기)이 고안된 이후 유리 생산에 일대 변혁이 일어났다. 유리의 첫째가는 특성인 투명성이 보장되었으며 기형이 다양화되었고, 대량 생산이 가능해져 일상 생활용품으로까지 이용되었다. 시리아 유리 장인들은 1세기 중엽 경 유리제품의 수요가 있는 이탈리아로 이주하는데, 이때부터 로마가 유리 제품의 주요 생산지가 된다. 그리하여 대롱불기는 로마유리의 제작기법으로 급성장하여 로마를 비롯하여 로마가 제패한 동부 지중해 연안의 이집트, 시리아, 이탈리아, 그리스 등지로 전파되어 로만유리의 탄생을 가져왔다.

이후 로마제국이 동서로 분열하고, 동로마제국의 영내인 동지중해 연안에서 만들어진 유리를 후기 로만유리라고 한다. 후기 로만유리는 이란고원으로 전래되어 이후 사산유리의 모태가 되었다. 황남대총 북

블로잉기법을 사용해 유리제품을 만드는 모습

분 출토 커트문 유리완과 같이 표면을 커팅하는 기법은 로만유리의 영향을 받은 사산유리의 대표적인 장식기법이다.

사산조 이란에서 금속기의 기형으로 전형을 이룬 오이노코에형, 즉 손잡이 달린 물병은 다시 페르시아 문화의 동점에 따라 실크로드를 경유하여 육조시대 이래 중국으로 전래된다. 오이노코에형 물병은 영하(寧夏) 회족자치구 고원현의 북주 이현(李賢)의 묘(墓)(569년)에서 출토된 사산조 양식의 은제수병에서 알 수 있듯이 남북조 말기에 이미 전래되었음이 분명하다. 육조시대에 이미 사산조 페르시아 계통의 금속기와 로만유리가 중국에 전래되었음은 출토 유물로 알 수 있다.

사산조 이란의 손잡이 달린 물병은 국제적 색채가 농후한 당나라에서 호병(胡甁)이라 하여 이국적인 문화의 하나로 널리 유행했다. 물을 따르기 좋은 모양으로 된 구연부와 둥근 몸체, 안정된 굽, 손잡이가 하나 달린 형태의 병은 중국 본토에서는 없었기 때문에 사산조 페르시아의 병이라는 뜻으로 호병이라 했다.[10)]

한편, 신라 고분에서 나온 그물무늬 잔에 대해 「경주 황남동 98호분 발굴 약보고」에는 다음과 같이 보고되어 있다.

> 유리제 받침 달린 잔 1점
>
> s자 모양 곡선의 낮은 잔에 굽다리를 붙인 것으로, 아가리는 수평에 가까울 정도로 밖으로 젖혀져 있고 잔 아래쪽도 다소 불룩하다. 투명한 그릇벽 안에 갈색으로 불꽃을 묘사한 고신라 고분에서

---

10) 이영희, 「실크로드의 遺寶 - 황남대총남분출토 봉수형 유리병」, 『인문학연구』 6, 원광대 인문학연구소, 2005; 이인숙, 「금과 유리 - 4~5세기 고대 한국과 실크로드의 유보」, 『중앙아시아연구』 2, 1997; 권영필, 『실크로드 미술』, 열화당, 1997.

처음 출토된 유물인데 페르시아나 서역계 제품으로 여겨진다.

투명 바탕에 다른 색의 유리로 그물무늬를 넣는 디자인은 1세기 경의 로마유리에서 비롯된 것으로, 서역이나 페르시아에서는 이러한 유리그릇이 만들어지지 않았다. 유리 그릇 굽다리 부분의 가장자리를 안쪽으로 꺾어 넣어 다리 부분을 보강하는 기법은 전형적인 로마유리 기법이며, 페르시아 유리그릇에는 사용하지 않는다. 이것으로 보아 그물 무늬 잔은 로마문화의 영향으로 보인다.

그리고 신라에는 로마의 금세공 기술이 전파되었다. 고대 로마에서는 금제의 반지와 목걸이가 매우 유행하고 있었다. 플리니우스 『박물지』 33권 12절 '금제품의 보급' 조항에, 흑해 남쪽 해안의 켈트 지역으로 출정했던 로마군 사령관 마르쿠스 부루투스가 로마에 보낸 편지에는 이렇게 기록되어 있다.

> 최초로 금반지를 착용함으로써 금에 위엄을 부여한 인물의 죄를 우리는 규탄한다. 오늘날에는 남자들까지 금반지를 끼고 있는데 그것도 좋다. (그런 습관은 타타르족에게서 온 것이므로 '타타르니아'라 불린다.) 켈트 명은 '윌리오라에'이고 켈티배리아 명은 '울리아에'이다. 부인들이 금팔찌를 갖고 금으로 손가락을 감싸고 목에도 귀에도 머리 다발에도 금을 다는 것도 좋다. 금사슬을 닥치는 대로 허리에 감는 것도 좋다. 그리고 작은 진주자루를 눈에 띄지 않도록 금사슬로 그 소유주인 부인의 목에서 늘어뜨려 매달아 두는 것도 좋다.

이처럼 금은제 사슬은 로마세계에서는 상류층에 매우 일반적으로 보

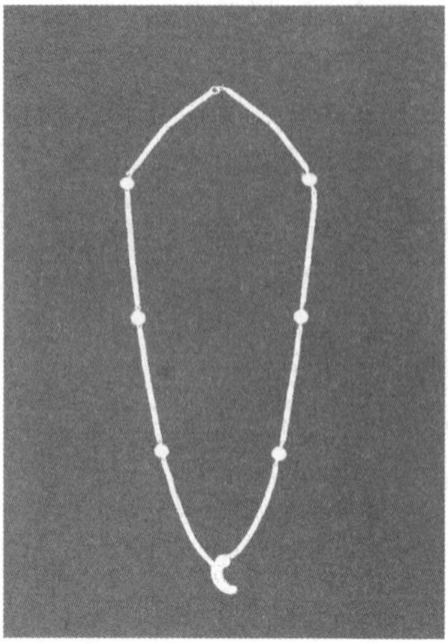

경주 황남동 남분에서 출토된 금사슬 목걸이. 국보 194호. 국립경주박물관 소장. 금 사슬과 속빈 금구슬을 교대로 연결하고, 가운데에는 금으로 만든 굽은 옥을 달았다.

급되어 있던 전형적인 장신구 중의 하나였다. 사슬을 만드는 기술과 형식이 로마세계에서 전해진 것임을 알 수 있다. 이 목걸이가 신라에서 제작되었다는 것은 로마문화의 특수기술이 도입되었음을 명백하게 보여준다.[11)]

한편, 계(罽)는 고급 모직물로 『설문』에는 서호의 모직물이라고 하며, 두꺼운 모직물 위에 위금(緯錦)을 붙여 사용한 서양식 문양의 식물이다. 계의 주산지는 파르티아를 비롯한 중앙아시아 일원이지만 로마에서도 오색의 계가 생산되었다. 계는 『삼국사기』에서 언급되고 있어 한반도로 유입되었음이 확인된다.

이렇듯 동아시아와 로마는 아랍과 중앙아시아를 매개로 교류하였다. 그런데 로마와 한반도의 교류에 대한 흥미로운 기록이 하나 있다. 『박

11) 요시미즈 츠네오, 오근명 역, 『로마문화왕국 신라』, 씨앗을 뿌리는 사람, 2002.

물지』 33권 제6절 '반지에 대하여' 조항에 의하면, "원래 반지는 한 손가락에만, 즉 약지에 끼는 것이 관습이었다. 그것은 우리가 누마와 세르비우스, 토리우스 상에서 보는 바와 같다. 그 후 사람들은 그것을 검지에 끼었다. 그리고 이어서 사람들은 새끼손가락에도 반지를 끼었다. 갈리아의 여러 속주와 브리타니아 섬에서는 중지를 이용했다고 한다. 오늘날 중지는 반지를 끼지 않는 유일한 손가락이고 다른 모든 손가락은 이 짐을 짊어지고 있다. 그리고 손가락 마디에는 각각 더 작은 반지가 끼워진다. 반지를 새끼손가락에만 있는 대로 다 끼는 사람도 있다."고 하였다.

신라 고분에서 발견되는 다양한 크기의 금반지는 마치 로마인들의 금반지 풍습을 연상케 한다. 이것이 과연 교류의 결과인지는 확인할 수는 없으나 동시대에 동과 서의 먼 두 지역이 동일한 문화 요소를 가지고 있었다는 사실만은 확실하다.

2 동아시아와 아랍의 교류

맥닐(William H. McNeill)에 의하면 세계사는 토인비나 슈펭글러가 주장하는 것처럼 몇몇의 서로 유리된 개별 문명권이 독자적으로 성장, 발전, 경쟁, 충돌한 역사가 아니라 각 지역의 여러 문화가 전파, 확산되고 상호 교류와 융화가 반복되는 역사이다. 그는 세계 4대문명이 출범한 이후 역사의 각 단계에서 끊임없이 여러 문화가 지리적 경계를 넘어 서로 교류, 공존하였으며 이런 교류, 공존 공간을 에쿠메네(ecumene)이라 칭하여 인류문화사를 에쿠메네의 역사로 재구성하였다.[12] 그리고 프랭크와 길즈는 그들의 세계체제론에서 아프리카-유라시아를 하나의 단일 세계체제에 포함된 것으로 파악하고 그 시점을 이미 BC 2천년으로 소급하고 있다. 프랭크는 BC 2천년부터 중앙아시아와 중국 사이에 상당한 규모의 교역이 행해졌다고 하는 증거를 제시하고 있다.[13]

한편, 이러한 문명 교류의 통로를 리히트호펜(Ferdinand Richthofen 1833~1905)은 'Silk Road'라고 불렀다. 이후 동양학자들은 동·서 교류

12) W. H. McNeill, *The Rise of the West,* The University of Chicago Press, 1963.
13) A. Frank and B. K. Gills, *World System, Routledge,* New York, 1992.

의 통로를 '오아시스로', '스텝로', '남해로(南海路)' 등으로 명명했다. 그런데 이러한 동서 교류의 통로는 중국을 거쳐 한반도까지 연장된다.[14)]

괘릉의 이방인 석상이나 처용의 설화, 그리고 양모로 짠 페르시아 카페트나 깔개 종류인 구수(毬氍), 탑등(毾㲪) 이외에 동남아 등지의 산물인 공작의 꼬리털, 비취모, 거북 껍질의 일종인 대모(玳瑁) 등이 신라에서 사용이 금지되었다. 이러한 물품들은 교역과 교류의 결과물이다. 상품을 매개로 한 사람(상인)의 교류, 그리고 외래품의 교역은 문화 교류와 함께 했다. 즉 상인의 이주와 정착은 음악, 종교, 예술 등의 문화 전파를 가능하게 했다.

중국의 수 · 당시대는 '제국'이라고 불릴 정도로 다양한 지역의 사람들이 이주해 있었다. 그리고 이 시기 서쪽에서는 이슬람세계가 자리를 잡아가고 있었다. 양 진영은 세력의 확장과 함께 충돌(탈라스 전투)하기도 하였으나 점차 교류가 확대되어 갔다. 즉 압바스와 당 · 송시대는 국제무역이 발달하여 동 · 서 간의 교류가 매우 활발했다. 그리고 원 나라와 칸국의 탄생은 동 · 서를 하나로 묶은 "진정한 세계사의 시작"이라고 평가되고 있다.

'실크로드'가 말해주듯 일찍이 중국을 비롯한 동아시아는 중앙아시아, 그리고 아랍권과 교류하고 있었다. 한 예로 "대진(大秦, 현 시리아 지역) 사람들은 키가 크며 공정하였다. 의복은 중국과 비슷했으나 호복(胡服)이었다. 그들은 스스로 또 하나의 중국이라고 불렀다. 항상 중국에 사절을 파견하는 것을 원하였으나 안식국(安息)이 교역의 이득을 보려는 까닭에 (안식국을) 통과할 수 없었다."고 『위략』에 전하고 있다. 이처럼 오래 전부터 중국과 아랍권은 비단길을 통해 교역해 왔다. 그렇

14) 무함마드 깐수, 『新羅 · 西域交流史』, 단국대출판부, 1992.

지만 본격적인 교류는 당(唐)대에 시작되었다.

당에 첫 공식 사절이 온 영휘 2년(651)부터 정원 14년(798)까지 147년간 모두 39차례(평균 3년 7개월에 1번)나 대식(大食) 사신이 왔다. 파사(波斯, 페르시아)와도 밀접하여 정관 13년(639)부터 대력 6년(771)까지 132년 동안에 34차례(평균 3년 8개월에 1번)의 사절이 왔다.[15) 그리고 대식은 개보 원년(968) 12월에 사신을 보내어 송에 조공한 이후 양국의 접촉은 꾸준히 이루어졌다. 개보 원년에서 건도 4년(1168)까지 대식국 사람이 송에 온 것은 49차에 달했다.[16)]

한편, 양 지역의 교류는 이른바 '남해로'를 통해서도 이루어졌다. 남해로를 통한 동서 교류가 본격적으로 이루어진 시기는 한(漢) 나라 때였다. 그리고 당 때에 이르러 더욱 활기를 띠었다. 이때의 해로를 가장

당삼채로 만든 쌍봉낙타

15) 정수일, 『씰크로드학』, 창비, 2001, 61쪽.
16) 黃純艶, 「宋代來華外商述論」, 『雲南社會科學』, 1997년 제4기.

상세히 밝힌 문헌은 『신당서』 권43 지리지에 수록된 가탐(賈耽, 730~805)의 「광주통해이도」(廣州通海夷道)이다. 이에 따르면 중국 남부와 인도네시아 해역, 인도양, 페르시아만이 해로로 연결되어 있었다.

이 시기 두 지역 간의 교역 사실은 여러 문헌과 자료를 통해 증명된다.

> 광주(廣州)…강 가운데 파라문(婆羅門), 파사, 곤륜 등의 배가 그 수를 헤아릴 수 없이 많았고, 아울러 향, 약, 보물을 산더미처럼 싣고 있는데, 배의 길이는 6 · 7장이었다. 사자국, 대석국, 골당국, 백만, 적만 등이 왕래하여 머물러 살고 있어 종족이 아주 많다.(『당대화상동정전』)

> 해외에 가서 그 해에 귀국하지 않는 중국인들을 주번(住蕃)이라고 부르고, 광주에 온 외국인이 그 해에 본국으로 돌아가지 않은 사람을 주당(住唐)이라고 한다. (『평주가담』 권2)

> 오늘날 우리는 마그리브의 무슬림들을 찾아오는 기독교 국가의 상인들이 어떤 형태인지를 관찰할 수 있는데, 그들의 번영과 풍요가 얼마나 대단한지 이루 다 묘사할 수 없을 정도이다. 동방에서 온 상인들과 그들의 생활수준도 그러하며, 특히 페르시아, 인도, 중국 등 극동지방에서 온 상인들은 더욱 그러하다. (『역사서설』)

『신당서』 지리지에는 가탐의 「광주통해이도」를 소개하고 있는데, 그것은 광주에서 페르시아만 서안 오볼라(烏剌國)까지 이어지는 해로를 소상히 기술하고 있다. 그리하여 당조는 광주에 시박사를 설치하여 해외무역을 관장하였다. 이러한 활발한 해외무역으로 인해 중국에 정착하는 아랍인들도 생겨났다. 당의 서울 장안에는 만 명에 가까운 서역인이 거주하고 있었다. 그리고 760년, 유전의 난을 진압하기 위해 전신공이 양주를 공략할 때 페르시아 상인 수천 명이 죽었다. 또한 아랍의 기록에 의하면 황소의 난 때(875~884년) 이슬람교도를 비롯한 12만 명의 상인들이 광주에서 죽었다고 한다. 이러한 기록들은 많은 아랍인들이 무역에 종사하면서 중국에 정착한 사실을 말해준다.

당대에 이어 송대는 더욱 해외무역이 활기를 띠었다. 송대의 해외무역은 큰 배를 이용한 해상무역이 발달하였다. 이것은 조선술과 항해술의 발달에 기인한 것이다.[17] 그리하여 규모 뿐 아니라 교역 대상 지역도 넓어져, 동아시아 각국은 물론 동남아, 인도 지역까지 확대되었다. 1083년, 밀주지사 범악이 밀주의 판교진에 시박사를 설치하고 외국상인을 유치하여 세금을 늘릴 수 있었다. 이처럼 시박사를 통한 해외무역은 송의 국가 재정에 크게 기여하였다. 당은 광주 한 곳에 시박사를 설치하여 해외무역을 관장하였지만 송은 광주, 항주, 명주 등지에 시박사를 설치한 것을 보면 해외무역이 번창하였음을 말해준다.

송과 무역관계를 맺은 국가는 56개국에 달했다. 그리하여 송대인들은 이들 지역을 정남, 동남, 서남, 극서 등으로 나누었으며, 이들 지역을 잇는 바다는 남대양해, 동대양해, 세란해, 동대식해, 서대식해 등으로 구분하여 인식하였다. 이러한 인식은 이들 해양을 항해하고 이 지역과 교류한 결과라 하겠다. 그리하여 중국 상인들은 해외에 거주하며 교역에 종사하였고, 외국상인들도 송에 정착하기도 하였다. 시박사가 설

17) 『萍洲可談』 권2, "甲令 每船大者數百人 小者百餘人 … 舟師識地理 野則觀星 晝則觀日 陰晦觀指南針"; 『高麗圖經』 권34 海道 2, "是夜 洋中不可住維 視星斗前邁 若晦冥 則用指南浮針 以揆南北"

치된 지역에는 무역 차 송에 온 외국인들이 거주하고 있었다. 특히 아랍인으로 생각되는 포씨(蒲氏)는 천주에서 대상인 집단을 형성했다.[18]

『송사』 대식국조에 의하면, 966년에 승려 행근이 서역에 갔다가 대식국왕의 서찰을 가지고 온 것으로 양국 간의 관계는 시작되었다. 양국의 첫 접촉이 서역을 통해 이루어졌기 때문에 송과 대식의 교류 역시 이른바 비단길을 통해 행해졌다. 그런데, 993년 이후에는 무역항 광주를 통해 아랍상인이 입국함으로써[19] 양국 관계는 육로뿐 아니라 해로까지 확장되었다. 그리하여 1016년 7월, "해외의 번국이 바친 공물로 광주에 온 물품은 지금부터 궁궐로 들인다."고 하였다.[20] 이러한 사례들로 볼 때 육로로 시작된 송과 아랍의 교류는 이제 해로를 통해 더욱 활기를 띠어 갔음을 말해준다. 그러나 이후에는 송과 대식은 해로를 주로 이용하게 되었다. 육로에서 해로로의 전환을 알려주는 자료는 다음과 같다.

> 천희 3년(1019)…이에 앞서 조공로는 사주를 지나 하국(夏國)을 건너 진주에 다다랐다. 건흥 초(1022)에 조덕조가 그 나라에 길을 청했으나 허락 받지 못했다. 천성 원년(1023)에 조공하러 오는데 이르러 서역인의 노략질을 두려워하였다. 이에 조를 내려 "지금부터 바닷길로 하여 광주를 거쳐 서울로 오라."고 하였다. (『송사』 권490 열전 249 대식)

---

18) 『桐江集』 권6, "泉之諸蒲爲販作三十年 歲一千萬而(賈似道)五其息"; "蒲"氏는 아랍의 "阿卜(Abu)"의 漢譯으로 생각된다. 이에 대해서는 黃純艶, 「宋代來華外商述論」, 『雲南社會科學』, 1997년 제4기 참조.

19) 『宋史』 권490 열전 249 大食, "淳化四年(993) … 其國舶主蒲希密至商海 … 昨在本國 曾得廣州蕃長寄書招諭 令入京貢奉"

20) 『송회요집고』 번이 7-20, 대중상부 9년.

이에 따르면 송과 대식 간의 육로는 사주 → 하국 → 진주로 연결되어 있었다. 그러나 1022년에 들어 양국의 중간에 있던 하국이 방해하여 교류가 순탄치 않았다.[21] 그리하여 이듬해에 해로를 통해 광주로 들어와 서울로 오도록 조처했다. 이는 양국 간의 교류가 육로와 해로를 통해 이루어져 오다가 1023년에 양국 간의 조공로를 해로로 확정한 것이다. 결국 양국 간의 교류는 육로와 해로를 통해 이루어졌던 것이 중앙아시아의 정치 변동에 따라 육로를 이용할 수 없게 되자 1023년 이후로는 육로를 대신해 해로만을 이용하게 된 것이다. 중국에 입항하려는 외국 상선은 1년 내에 내왕할 수 있으나, 페르시아만을 출항하는 상선은 2년이 필요했다. 중국에 들어오기 위해서는 5 · 6월에, 그 반대로 중국에서 출항할 경우에는 11 · 12월에 출발하였는데, 모두 계절풍을 이용해야 했기 때문이다.[22]

11세기 이후에는 해로를 통한 교류가 더욱 활발해졌다. 그렇다고 육로가 완전히 단절된 것은 아니었다. 송은 여전히 중앙아시아의 여러 나라들과 교역했다.

송의 대조회에는 백관, 종실과 함께 외국 사신도 참여했다. 외국사신은 요, 고려와 하국, 회흘, 우전 등 서역의 국가들, 그리고 삼불제, 대리 등의 동남아 지역의 사신들이었다. 이들은 육로와 해로를 통해 입국하

---

21) 송은 夏國 때문에 서역과 교류가 여의치 않았다. 이에 비해 동남아 국가와는 해로를 통해 활발한 교역이 이루어졌다. 『송사』 권485 열전 244 외국 1 夏國 上, “西若天竺于闐回鶻大食高昌龜兹拂林等國 雖介遼夏之間 筐篚亦至 累勤館人 … 交阯占城眞臘蒲耳大理濱海諸蕃 自劉鋹陳洪進來歸 接踵修貢”

22) 『영외대답』 권3 「大食諸國」, “有麻離拔國 廣州自中冬以後發船 乘北風去約四十日到 … 次冬再乘東北風六十日順風方到”; 『영외대답』 권3 「航海外夷」, “諸蕃國之入中國一歲可以往返 唯大食必二年”; 『평주가담』 권2, “舶船去以十一月十二月就北風 來以五月六月就南風”

중세 아랍 상인들이 남해로에서 이용하던 돛배

였다. 그리고 이들 사신들에게는 각기 객관이 지정되어 있었다.[23] 그리하여 이들은 그들의 객관을 중심으로 교역에 나섰다.

아랍 측의 기록에 의해서도 중국과 교류한 사실이 확인된다. 652년, 페르시아를 완전히 정복하여 대제국을 건설한 이슬람세계는 중국과 본

23) 『東京夢華錄』 권6 元旦朝會, "其大遼使人 在都亭驛 夏國在都亭西驛 高麗在梁門外安州巷同文館 回紇于闐在禮賓院 諸蕃國在瞻雲館或懷遠驛"

격적으로 교류하였다. 『하디스』에서 "지식을 구해야 할지어다. 비록 그것이 중국과 같이 먼 나라에 있다 할지라도"라고 하였고, 762년 바그다드를 건설하였을 때 칼리파 알만수르는 "우리에게는 티그리스 강이 있어 중국과 같이 먼 나라들과도 접촉할 수 있다."고 하였다. 그리하여 압바스조는 페르시아만의 시라프, 바스라, 우불라 등의 항구를 통해 동남아와 중국으로 진출하였다. 14세기 기록인 『역사서설』은 아랍 지역과 중국이 해로를 통해 활발히 교류했음을 보여준다.

한편 한반도 역시 일찍부터 중국은 물론 인도와 해로로 연결되어 있었다. 설화의 형태이긴 하지만 오래 전부터 인도와 교류한 흔적이 보인다. 『삼국유사』「가락국기」에 의하면, 서기 48년에 아유타국의 공주 허황옥이 현재의 김해 지역으로 와 수로왕을 만났다고 한다. 그리고 574년에 경주의 황룡사에서는 인도의 아육왕이 보낸 철로 불상을 만들었다고 한다.

신라인은 뛰어난 항해술과 조선술을 가지고 있었다. 그리하여 장보고는 동아시아지역의 무역을 장악할 수 있었다. 신라를 이은 고려 역시 뛰어난 조선술을 가지고 있었으며, 황해를 횡단하여 송과 빈번히 사신을 왕래하였을 뿐 아니라 교역도 활발히 전개하였다.

7세기 이래 동·서 세계는 교역을 통해 교류를 증대해 나갔다. 그리하여 중국 상인들은 해외에 거주하며 교역에 종사하였고, 외국상인들도 중국에 정착하였다. 이때 중국에 온 외국인들은 한반도까지 진출하였다.

(원성)왕 즉위 11년 을해년(795)에 당나라 사신이 서울(경주)에 와서 一朔을 머물다가 돌아갔는데, 1일 후에 두 여자가 궁궐에 나와 아뢰었다. "저희들은 동지(東池)와 청지(青池)에 있는 두 용의 아내인데, 당나라 사신이 하서국(河西國) 사람 둘을 데리고 와서, 우리

남편인 두 용과 분황사 우물에 있는 용 등 세 마리를 저주하여 작은 고기로 변케 하여 통 속에 담아 가지고 갔습니다. 폐하는 그 두 사람에게 조칙하여 우리 남편들인 호국룡을 여기에 머무르게 하소서" 하였다. 왕이 하양관(河陽館)에 쫓아가서 친히 연회를 베풀고 하서인에게 명하여, 너희들이 어째서 우리의 3룡을 잡아 가지고 가느냐, 만일 사실대로 고하지 않으면 극형에 처하리라 하였다. 하서인이 그제야 세 고기를 바쳤다. 세 곳에 놓아주니, 각각 물에서 한 길이나 용솟음치고 기쁘게 달아났다. 당나라 사람이 왕의 명철함에 감복하였다. (『삼국유사』 권2 원성대왕)

경원 연간(1195~1200)에 개경에 송나라 사람 수 백인이 살았다. 대다수는 중국 강남 사람으로 장사를 위해 배를 타고 왔다. (『송사』 권487 고려)

우왕은 회회 사람 김비(金鼻)의 집에 가서 그의 딸을 요구하였으나 뜻대로 되지 않자 회회의 아들에게 안장과 말을 주고 이어 그에게 머리를 땋고 시종하라고 명령하였다. 그 후 그 집 딸도 데려다가 남자의 의복을 입히고 데리고 다녔다. (『고려사』 우왕 13년(1387) 11월)

신라와 서역의 교류는 경주의 괘릉이나 처용설화, 그리고 아랍 문헌에 전해오고 있는 신라에 대한 정보로 잘 알 수 있다. 그런데 비록 설화의 형태이긴 하지만, 『삼국유사』를 보면 당나라 사신과 함께 하서국 사람이 신라에 입국한 사실을 전해주고 있다. 하서는 황하 이서 지역으로 이곳에는 일찍부터 소그드인이 살고 있었다. 신라에 온 하서국인은 하서회랑에 거주하던 소그드인을 포함한 서역인이었을 것이다.[24]

그런데 하서국인들은 하양관에 머물렀다고 하는데, 이 사료 외에 하양관에 대해 알려주는 자료가 없어 확실히 말할 수는 없지만, 경주에 외국인을 위한 객관(客館)이 있었다고 생각된다. 하양관과 같은 객관은 괘릉이나 처용, 그리고 아랍 문헌에 신라의 정보를 알려준 인물들의 활동과 관련되어 있었을 것이다.

이러한 신라시대 한반도의 해외교류는 고려시대로 이어지는데, 그것은 『송사』와 『고려사』를 통해 어느 정도 짐작해 볼 수 있다. 『송사』는 송나라 사람들, 특히 상인이 고려 수도 개경에 정착하였음을 보여주고 있다. 그리고 『고려사』는 고려 후기에 회회인들이 거주하였을 전해준다.

고려인의 아랍에 대한 인지는 윤포(1063~1154)가 만든 「오천축국도」를 통해 확인할 수 있다. 이 지도는 현장(602~664)의 『대당서역기』에 의거하여 의종 즉위년(1146)에 제작된 것이다.[25] 이것은 현재 전해지지 않고 있지만, 일본에 남아 있는 모사도에 의하면 인도를 중심으로 하여 동쪽 끝에는 고려가 있고 이외에 호국, 안식, 서안국 등이 묘사되어 있다.[26] 이들 나라는 대식의 영향에 있던 이슬람국가들이었다.[27] 그리고 이규보(1168~1241)는 「화이도」에 대한 발문에서 세계와 고려를 그린 것이라고 하였다. 즉 「화이도」는 중화와 사이(四夷)를 그린 세

---

24) 金昌錫, 「8~10세기 이슬람 제종족의 신라 來往과 그 배경」, 『韓國古代史研究』 44, 2006, 207쪽.

25) 金龍善, 『高麗墓誌銘集成』 「尹誧墓誌銘」, "大金皇統六年(1146) … 冬十有二月 … 又據唐玄奘法師西域記撰進五天竺國圖"

26) 方東仁, 『韓國地圖의 歷史』, 신구문화사, 2001, 39~41쪽.
胡國은 중앙아시아의 나라를 지칭하며, 안식은 페르시아, 서안국은 안국(Bukhara)이다. 이에 대해서는 정수일 역주, 혜초의 『왕오천축국전』, 학고재, 2004, 374~375쪽 참조.

27) 『往五天竺國傳』 胡國, "又從大寔國已東 並是胡國 卽是安國曹國史國石騾國米國康國等 雖各有王 並屬大寔所管"

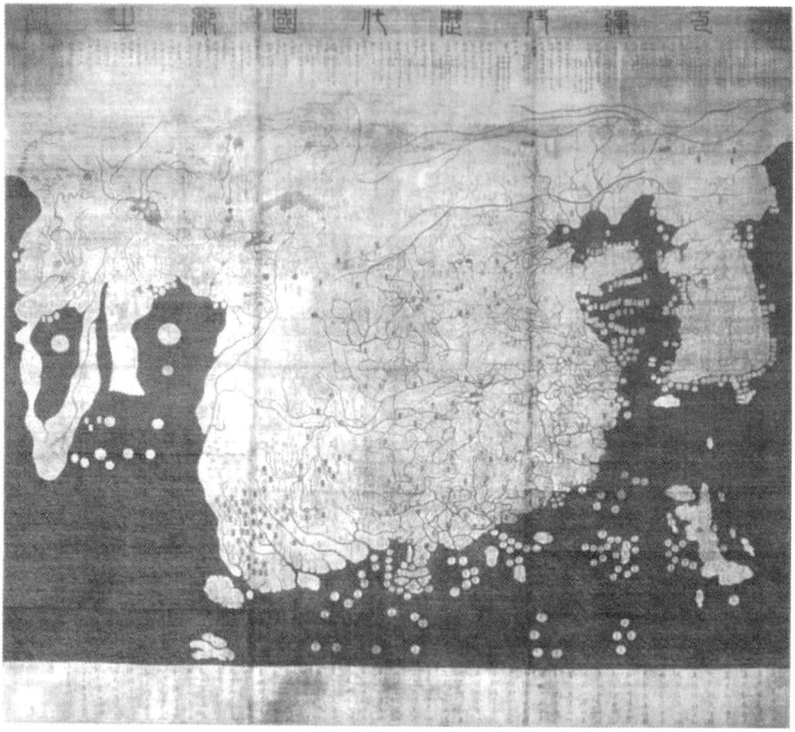

1402년(태종 2년)에 조선에서 제작된 혼일강리역대국도지도.
신대륙을 제외한 모든 동 · 서 세계를 보여주고 있다.

계지도였을 것이다.[28] 결국 고려인들은 대식에 대해 충분한 정보를 갖고 있었던 것으로 생각된다.

그리고 대식도 고려에 대해 충분히 인식하고 있었음이 아랍의 문헌에 나타나 있다. 자카리야 카즈위니(1023~1083)는 "신라는 중국의 맨 끝에 있는 유쾌한 나라이다. 공기가 순수하고 물이 맑고 토질이 비옥해

28) 『東國李相國集』 卷17 「題華夷圖長短句」, "萬國森羅數幅牋 三韓隈若一微塊 觀者莫小之 我眼謂差大 … 有人曰國無則非 胡戎雖大猶如芥 君不見華人謂我小中華"

서 병이 없는 곳이다."라고 하였다.[29] 이들이 비록 고려를 신라로 표기하고 있지만, 이들의 활동 시기는 고려조였음으로 고려에 대한 정보를 전해주는 것이다.

이렇듯 한반도와 중국은 서역 및 아랍과 교류하였다. 이러한 교류는 동아시아 사회에 외래품과 외국 문화의 유행을 가져왔다.

29) 金定慰,「中世 中東文獻에 비친 韓國像」,『韓國史硏究』16, 38~40쪽.

3 동아시아의 외국문화

1. 당 · 송의 외국문화

당은 대외의 팽창정책과 함께 외국인을 등용하는 포용정책을 병행했다. 그리고 많은 외국인들이 중국에 정착하기에 이르렀다. 『낙양가람기』에 의하면, "내부해온 자들은 엄자관에서 머물게 하고 집을 모의리에 내렸다. 총령 이서에서 대진(大秦)까지 온 나라가 기꺼이 내부하지 않음이 없고 호상(胡商)들이 날마다 달려왔다. 중국의 풍토를 좋아하여 중국에서 사는 자가 이루 헤아릴 수 없다. 이로 인해 내부해 온 백성이 만여 가에 달한다."고 하였다. 이러한 동 · 서 교류는 송대로 이어졌다.

『영외대답』에 의하면 대식의 산물로 유향, 용연, 진주, 유리, 서각, 상아, 산호, 목향, 몰약, 혈갈, 아위, 소합유, 몰석자, 장미수 등 14개를 나열하고 있다. 『제번지』 상, 대식국조에는 진주, 상아, 서각, 유향, 용연, 목향, 정향, 안식향, 노회, 몰약, 유리, 산호수, 장미수 등 28종을 들고 있다. 그리고 『제번지』에는 47개의 교역품을 나열하고 있는데, 앞의 28종 이외에 금안향, 소합향유가 대식국의 산물이라고 하였다. 이렇게 보면 아랍의 토산물로서 송에 들어온 물품은 모두 30종에 이른다. 이러한 외래품 교역은 문화 교류의 가능성을 말해준다.

당은 외국인을 등용하는 포용정책을 폈으며, 이국문화를 포용적으로 수용함으로써 국제문화가 유행하였다. 즉, 수의 칠부기(七部伎)에 안국기와 구자기가, 당의 십부기에는 7부기에 더해 소륵기, 강국기, 고창기 등이 들어 있었다.[30] 이러한 이국의 기예를 수용하였던 수·당시대는 이국문화가 매우 유행하고 있었다. 이에 대한 몇 가지 사례를 살펴보면 다음과 같다.

이백(701~762), 「소년행(少年行)」
五陵年少金市東　오릉의 소년 금시의 동쪽으로
銀鞍白馬度春風　은색 안장에 백마 타고 춘풍을 뚫고 가네
落花踏盡遊何處　떨어지는 꽃 밟으며 어디에 놀러 가나
笑入胡姬酒肆中　웃으며 들어가네, 호희가 있는 술집으로

李賀(791~817), 「용양음(龍夜吟)」
鬈髮胡兒眼睛綠　눈동자가 푸른 곱슬머리 호아
高樓夜靜吹橫笛　고요한 밤 높은 누대에서 횡적을 부는구나
一聲似向天上來　그 한 소리는 천상에서 들려오는 듯
月下美人望鄉哭　달 아래 미인은 고향 생각에 울음을 터뜨린다

---

30) 『隋書』卷15 志 第十 音樂下, "始開皇初定令 置七部樂 一曰國伎 二曰淸商伎 三曰高麗伎 四曰天竺伎 五曰安國伎 六曰龜玆伎 七曰文康伎 又雜有疎勒·扶南·康國·百濟·突厥·新羅·倭國等伎"; 『新唐書』卷22 志第十二 禮樂十二, "周 隋與北齊 陳接壤 故歌舞雜有四方之樂 至唐 東夷樂有高麗·百濟 北狄有鮮卑·吐谷渾·部落稽 南蠻有扶南·天竺·南詔·驃國 西戎有高昌·龜玆·疏勒·康國·安國 凡十四國之樂 而八國之伎 列於十部樂"

금시는 동시·서시 중 서쪽 것에 오행을 배당하여 부여한 아명(雅名)이다. 장안의 동시와 서시는 상인의 중심 번화가이며, 그 중 서시가 한층 더 시끌벅적했다는 것은 송민구의 『장안지』 등에 잘 나와 있다. 특히 서시 부근에 소그디아나, 페르시아, 아라비아 등지에서 온 상인들의 거주지가 많았음은 당대의 여러 자료를 보면 쉽게 알 수 있다. 서시 부근에 조로아스터교와 경교의 사원이 있었던 것도 그런 상황을 보여주는 것이다.

중국에 온 서역인, 즉 호희(胡姬), 호추(胡雛), 호아(胡兒)라고 불린 호인(胡人)은 깊고 푸른 눈, 높은 코의 가진 사람으로 묘사되었다. 이백은 「상운악」에서 호추를, "벽옥처럼 빛나는 눈동자, 황금빛 곱슬머리에 붉은 구레나룻(碧玉炅炅雙目瞳 黃金拳拳兩鬢紅)"로 표현했다. 이들에 의해 당대는 이국문화가 유입되어 매우 유행하였다.

> 낙양의 집집마다 호악(胡樂)을 배운다. (『전당시』 권11 왕건, 「양주행」)

> 개원(713~741) 이래 태상의 음악은 호곡을 숭상하고, 귀인의 밥상은 모두 호식을 올리며, 사녀는 전부 호복을 입는다. (『신당서』 권45 여복지)

이처럼 당 시대에는 '호악', '호식', '호복'의 이국문화가 유행하였다.[31] 특히 서역의 음악과 가무가 유행하였다.

---

31) 唐代의 胡는 대체로 중앙아시아의 소그드 지역을 말한다. 『왕오천축국전』, "大食之東 胡國 安國曹國史國石騾國米國康國"

호복을 입고 호악을 연주하고 있는 모습을 보여주고 있는 당나라의 토용(土俑)

『신당서』 예악지 구자기 중에 사자놀이가 있다. 이에 의하면 "춤추는 자는 4명으로 오방사자 춤을 춘다."라고 하였다. 그리고 『통전』에, "태평악은 또 '오방사자무'라고도 한다. 털을 짜서 옷을 만든다. 내려다보거나 쳐다보면서 사람에게 친숙하게 어리광부리는 모습을 나타낸다. 두 사람이 끈을 끌어당기면서 연습하는 모양을 표현한다. 다섯 사자는 각기 오방의 색깔(파랑, 빨강, 노랑, 흰색, 검은색)로 되어 있다. 140명이 태평안무를 노래 부르면서 손뼉 치면서 뒤에서 따른다. 그 복식은 모두 곤륜 사람의 차림이다."고 묘사하였다. 그리고 백거이는 사자춤을 이렇게 묘사하고 있다.

西涼伎西涼伎	서량의 기예, 서량의 기예!
假面胡人假獅子	가면 쓴 호인과 가짜 사자 나오는데
刻木爲頭絲作尾	나무 깎아 머리 만들고 실로 꼬리를 달았구나
金鍍眼睛銀帖齒	노랗게 금 도금한 눈동자에 은을 붙인 이빨

奮迅毛衣擺雙耳 재빠르게 털옷을 털면서 두 귀를 흔드네[32)]

이렇듯 사자춤은 서역의 기예였다.

사자춤

한편, 낙양과 장안 부근에서 발굴된 토우를 보면, 남녀 공히 옷깃을 접은 상의를 입고 망토나 오버코트 같은 것을 두른 것이 많은데 이는 모두 이른바 호복이다. 이러한 이국문화의 유행은 이들 외국인이 이 시기에 중국으로 이주, 정착하였기 때문이다.

그런데 중국문화도 서방으로 많이 전파되었다. 서역으로 전파된 중국문화는 제지법, 도기, 세공 기술이 대표적이다. 탈라스전투에서 사로잡힌 중국 포로 중 제지공이 다수 포함되어 있어서 사마르칸트로 보내졌고, 그들을 중심으로 이곳에 제지 공장이 만들어졌다. 9세기 중반 아랍 문인 주히트(Juhith)는 "서쪽에는 이집트의 파피루스, 동쪽에는 사마

32) 백거이, 「西涼伎」 『전당시』 권15.

르칸트의 종이"라 했다. 11세기의 사학자 타알리비(Tha'allibi)는 "사마르칸트의 명산물 중 하나로 종이를 들지 않을 수 없다. 이것은 종래 사용되던 이집트의 파피루스나 양피지 두루마리를 대체하였다. 그것이 더 아름답고 기분 좋으며 편리했기 때문이다. 이것은 사마르칸트와 중국에서 밖에 생산되지 않는다."고 하였다.

2. 고려의 외국문화

페르시아 카페트나 깔개 종류인 구수, 탑 등 그리고 동남아 등지의

페르시아 타브리즈 양탄자

산물인 공작의 꼬리털, 비취모, 거북 껍질의 일종인 대모 등이 신라에 유입되었다. 이러한 물품은 양 지역 간에 벌어진 교역의 결과이며, 곧 그것은 교류의 증거이다.

그리고 고려시대에 들어서도 아랍과 동남아 물품은 계속 유입되고 있었다. 이에 대해서는 다음이 참고된다.

> 문종 8년 7월 경오일에 송나라 상인 조수 등 69명이 와서 물소뿔과 상아를 바쳤다. (『고려사』)

> 근자에 특히 사람을 보내시어 멀리 조그만 산에 들어와 침향과 유향을 하사하시고, 운룡의 영약을 주시와 명이 친밀하옵기에 마음에 감격하여 불법을 부지런히 정진하여 매양 만수의 축원을 드리옵나이다. (『동문선』 권39 이자현 「진정표」)

> 밤에 청녕재에서 잔치하는데, 총신 이영이 비단, 진향, 물소뿔 등 진기한 물건을 모아서 좌우에 진열하고 임금의 행차를 맞이하였다. (『고려사』 권18 毅宗 20년 11월)

서각, 상아와 정향, 침향 등의 향은 동남아와 아랍의 물산들이다. 이러한 물품을 고려에 전해준 것은 바로 바로 고려 상인을 비롯한 송상과 아랍 상인들이었다. 아마도 이들 상인들을 통해 고려는 아랍과 동남아에 대한 정보를 입수하였을 것이다.

고려와 아랍의 상호 이해는 양 지역의 교류가 바탕이 되었을 것이다. 그리고 중국에서 들어온 서역의 이국문화는 중국에만 머물지 않고 한반도로 유입되었다. 이는 신라 때 최치원(857～?)이 지은 「향악잡영」 5

수를 통해 알 수 있다. 최치원이 쓴 「향악잡영」은 모두 서역 지방에서 들어온 춤과 음악을 묘사하고 있다. 최치원이 당나라에서 돌아온 것이 885년이었음으로 그 이후에 지어진 시일 것이다.

한편, 고려시대에는 서역 음악이 유행하였다.

> 대체로 법가의 의장에 대하여 의종 때에 다음과 같이 규정하였다. … 교묘에서는 … 또 안국기 1부, 잡기 1부 각 40명이 좌우로 갈라서며 고창기 1부 16명은 왼쪽에 서고 천축기 1부 18명은 오른쪽에 서며 연락기 1부 40명이 좌우로 갈라선다. (『고려사』 권72 여복 의위, 법가의장)

> 상원(上元－음력 정월 보름날) 연등회에 왕이 친히 봉은사 진전으로 거둥할 때의 위장에 대해서는 의종 때에 다음과 같이 규정하였다. … 인가교방락관 100명이 좌우로 갈라 서며 안국기, 잡기 각각 40명이 좌우로 갈라 선다. 취각 군사 16명이 좌우로 갈라 서되 모두 수레 앞에 나서며 취라 군사 24명은 수레 뒤에 따른다. (『고려사』 권72 여복 의위, 상원 연등회 위장)

> 서경과 남경을 순행하고 돌아오는 왕의 행차를 맞이하는 의장은 의종 때 다음과 같이 정하였다. … 교방 악관 100명이 좌우로 갈라 선다. 안국기 40명, 잡극기 160명이 각각 좌우로 갈라서고 취각 군사 10명은 모두 행차 전면에, 취라 군사 10명은 행차 뒤에서 각각 좌우로 갈라선다. 행차가 의봉문에 도착하여 교서를 내릴 때에는 위장 대열을 돌려 세우고 충정의 의식을 거행한다. (『고려사』 권72 여복 의위, 서경남경 영접 위장)

고려 의종 때 만든 「법가위장」에는 고창기, 천축기가 소속되어 있었고, 「상원연등친행위장」과 「서 · 남경순행회가봉영위장」에 안국기가 들어 있었다. 고창, 안국은 모두 서역에 있는 나라로 이들 지역의 음악은 일찍이 수 · 당에 의해 수용되었다. 즉 수의 칠부기에 안국기와 구자기가, 당의 십부기에는 7부기에 더해 소륵기, 강국기, 고창기 등이 들어 있었다. 이처럼 서역의 기예는 중국으로 거쳐 한반도로 들어왔다.

그리고 고려시대는 서역음악과 함께 춤도 유행하였다.

> '연화대' 춤은 본래 북위에서 창작된 것이다. 두 처녀에게 고운 옷을 입히고 모자를 씌우는데 모자에는 금방울을 달았음으로 춤을 출 때마다 방울소리가 난다. 그리고 춤을 추는 처녀가 나올 때에는 연꽃 속에 숨어 있다가 꽃잎이 열리면서 나타난다. 모든 춤 중에서도 우아하고 절묘한 춤으로 전해온 지 오래 되었다. (『고려사』 권 71 악 2 당악)

이 춤은 『태평어람』, 『속통전』에 인용된 『악원』, 『악서』에 보인다. 그런데 『악원』, 『악서』에는 모두 자지무(柘枝舞)로 설명되어 있고, 연화대라는 명칭은 찾아볼 수 없다. 그리고 "본래는 척발위(拓跋魏)에서 나왔다."고 했는데 『속통전』에 인용한 『쇄쇄록』에는 "拓이 柘로, 拔이 枝로 바뀌었다."라고 하여 자지무의 명칭이 척발의 글자가 변개하여 불린 것으로 설명하고 있다.

자지(柘枝)는 페르시아어 Choj의 소리를 따라 쓴 것이다. 그리고 『서역기』에는 '자시(赭時)'로, 『경행기』에는 '자지(赭支)'로, 『문헌통고』에는 '자갈(柘羯)'로 표기되어 있다. 또한 이 나라는 석국(石國)으로도 알려졌다. 석국은 751년에 고선지에 의해 정벌되었으므로 자지무가 중국에 전래된 것은 이때일 것이다. 이후 자지는 당 대곡의 하나로 널리 유행했으며, 송대에 들어와서도 여전히 유행하였다.[33]

이처럼 서역에 기원을 둔 '연화대'는 중국을 통해 들어왔다. "전해온 지 오래 되었다."는 표현으로 보아 당에서 신라로 전해진 것으로 생각되며, 『고려사』에 수록된 것으로 보아 이 춤은 고려시대에 크게 유행하였던 것 같다.

한편, 『고려사』 악지에 "감황은(感皇恩)"이 실려 있다. 그런데 『당회요』에, "천보 13년(753) 7월 10일, 태악서는 악곡명을 공봉하며, 여러 악곡명도 함께 고쳤다. … 소막차는 만우청이라는 이름으로 고쳤고, … 금풍조의 소막차는 감황은의 이름으로 바꿨다."고 한다. 『고려사』 악지의 "감황은"은 원래 명칭이 "금풍조의 소막차"였다. 소막차의 기원에 대해서는 아직까지 정확한 결론을 내리지 못하고 있으나, 고창 기원설, 강국 기원설, 서구자 기원설, 이란 기원설, 페르시아 기원설 등이 있다.[34] 어쨌든 『고려사』 악지에 실린 '감황은'은 서역에 기원을 두고 있었다. 그런데 '감황은'은 실제로 고려에서 거행되었다.

> 충혜왕이 주연을 배설하고 나희를 구경하다가 심히 유쾌하여 일어나 춤을 추면서 재상들에게도 춤추라고 하니 재상들이 차례로 단판을 치면서 춤을 추었다. 왕이 은 백 냥을 내고 공주와 은천 옹주도 또 각각 50냥씩 내어 잔치 비용으로 하였다. 그런데 어떤 사람이 '걸호희(乞胡戲)'를 놀았더니 은 50냥을 주고 그 나머지는 모두 회수하였다.[35]

---

33) 차주환, 『高麗唐樂의 연구』, 동화출판공사, 1983, 78~80쪽.
34) 박은옥, 『고려사 樂志의 唐樂硏究』, 민속원, 2006, 81~82쪽.
35) 『고려사』 권36 충혜왕 후4년(1343) 5월 을유, "王 置酒觀儺戲 歡甚起舞 又命宰相舞 宰相遞拍檀板以舞 王出銀百兩 公主及銀川翁主 亦各出五十兩

어떤 사람이 충혜왕 앞에서 했다는 '걸호희'는 「발호왕거한희(潑胡王乞寒戲)」가 아닐까 한다.[36] 즉 소막차는 중국에서 걸한(乞寒), 발수걸한(潑水乞寒), 발한(潑寒), 발한호(潑寒胡), 발호왕걸한희(潑胡王乞寒戲), 혼탈(渾脫) 등으로 불리웠는데, 이러한 명칭은 소막차의 의미에서 따온 것으로 보인다. 충혜왕때의 '걸호희'도 바로 소막차의 행사 내용을 말한 것으로 생각된다. 그러면 '걸호희'는 구체적으로 어떤 놀이였을까.

소막차에 관한 최초의 기록은 『북주』 선제 정제대상 원년(579) 12월 기사에서 볼 수 있다.[37] 이후 소막차는 중국에서 걸한, 발수걸한 등 많은 이름으로 불리워졌다. 그러다가 753년에 만우청과 감황은이라 하여 중국식 이름으로 바뀌게 되었다. 그리고 감황은은 송의 법곡부에도 기록되어 있는 것으로 보아 송에서도 유행되었던 것으로 보인다.

그런데 감황은, 즉 소막차는 축제의 일종이었다. 왕명청의 『揮塵錄』에 의하면, "고창은 비와 눈이 거의 내리지 않는 매우 더운 나라이며, 특히 여름에는 땅을 파서 동굴을 만들어 생활한다고 한다. 이 때문에 고창 사람들은 여름에 물을 서로에게 뿌리는 유희를 하며, 이를 양기를 누른다고 하고, 질병을 없애고자 기원한다. 다시 말하면 여름의 더위가 너무 강하기 때문에 이런 오락을 즐기면서 더운 기운을 물리치고 질병도 함께 퇴치시킨다. 그리고 고창의 여자들은 '소막차'라는 모자를 쓰기 때문에 이런 유희를 소막차라 불렀다."고 한다. 이렇듯 소막차는 "물을 서로에게 뿌리는 유희를 하며, 더위와 질병을 없애는 기원"의 의

以爲宴幣 有人作乞胡戲 賜銀五十兩 餘皆收之"

36) 김학주, 「儺禮와 雜戲」, 『아세아연구』 12, 1963, 111쪽.

37) "甲子 還宮 御正武殿 集百官及宮人 內外命婦 大列妓樂 又縱胡人乞寒 用水澆沃爲戲樂"

태국의 송클란 축제 모습

미를 가진 행사였다. 이러한 의미를 가진 이유로 무더운 7월에 열리거나 연말 행사로 축원을 위해 거행되었다.38)

이처럼 서역에 기원을 둔 음악과 기예가 고려사회에 유행하고 있었다. 이러한 이국문화의 수용과 함께 문학의 수용 또한 가능했으리라 짐

38) 慧琳, 『一切經音義』 권41, "蘇莫遮 西戎胡語也 … 此戲本出西龜茲國 …每年七月初 公行此戲 七日乃停 土俗相傳云 常以此法攘厭 驅趁羅刹惡鬼食啗人民之災也"; 『구당서』 권198 서융 康國, "人多嗜酒 好歌舞於道路 … 以十二月爲歲首 … 至十一月 鼓舞乞寒 以水相潑 盛爲戲樂"; 감황은, 즉 소막차는 현재 동남아 일대, 특히 태국에서 매년 행해지고 있는 송클란(Songkran) 축제와 유사하다. 송클란은 소막차와 같은 물의 축제이다. 물을 뿌려 액운을 없애고 복을 비는 송클란 축제는 마치 소막차의 재현을 보는 것처럼 유사한 점이 있다.

작된다.

신라의 경우는 그 도입 여부가 확실치 않으나 고려는 이에 대한 몇 가지 단서가 있다. 먼저 『고려사』 악지 당악조에는 유영(987~1053?), 구양수(1000~1072), 소식(1036~1101), 안수(991~1055) 등의 송사(宋詞)가 실려 있다.[39] 이는 고려에 송사가 직접 수용되었음을 말해준다. 그리고 「동동」이 둔황곡 「십이월상사」와 유사하다는 연구도 있다.[40]

둔황곡 「십이월상사」는 12월이란 말로 보아 12수로 된 것은 짐작되지만, 이 12월상사 중에서 4월 것과 11월 것만이 알 수 있고, 그 나머지는 불분명하다. 그 내용은 다음과 같다.

> 四月孟夏漸漸熱 忽憶貞君無時節 妾今猶在舊日境 君何不憶妾心竭也也也也
>
> 十一月仲冬盛寒 憂君獨坐綠窓前 戰袍緣何不領去 愁君□□□□□

동동은 3월, 4월, 10월, 12월만 제하고 나머지는 명절로 시작되어 양자가 다른 것 같이 보이나 서두만 다를 뿐 상사곡(相思曲)이란 본질에 있어서는 같다. 동동 13수 중 첫 수는 장수를 축운하는 것이고, 나머지 12수는 둔황의 12월 상사와 같이 여자가 남자와 이별하고 상사하는 것이다.

그리고 4월과 11월의 내용도 매우 유사하다. 즉, 동동의 "4월이 되어서 꾀꼬리새는 다시 찾아 왔건마는 어째서 우리 녹사임은 옛날 사랑하

39) 차주환, 앞의 책, 1983, 47~48쪽.

40) 李惠求, 「高麗의 動動과 敦煌曲 十二月相思」, 숙대신문, 1959 ; 『韓國音樂序說』, 서울대출판부, 1975; 林基中, 「高麗歌謠 動動攷」,『无涯梁柱東박사고희기념논문집』, 1973.

던 나를 잊고 계시는가"[41]는 십이월상사의 4월, "妾今猶在舊日境 君何不憶妾心竭"과 유사한 처지를 말해준다. 또한 동동 11월의, "춥고 추운 동지달에 차디찬 봉당자리에 한삼 한 겹을 덮고 누워 고운 님을 끝없이 그리면서 살아가는 나의 신세는 이 이상 더 슬픈 것이 없구나"는 12월 상사의, "憂君獨坐綠窓前"과 같이 여자가 홀로 남아 남편을 그리워하는 내용이다.

이처럼 송사의 고려 유입, 둔황곡과 동동의 유사성은 외국문학이 고려 문학에 미친 영향을 보여준다. 이는 고려가요를 포함한 고려문학에 외래문학의 요소가 영향을 주고 있었음을 시사한다.

41) 김형규, 『고사주석』, 백영사, 1955.

4 삼국과 고려 음악문화의 외래성

1. 삼국 음악문화의 외래성

1) 고구려

고구려는 1세기경인 대무신왕과 모본왕 때에 한(漢)과 접촉을 시작하였으며,[42] 이때 한은 이미 서역과[43] 교역을 시작하고 있었다. 실크로드를 통해 서역계의 무악(舞樂)인 호악(胡樂), 호무(胡舞), 그리고 호악기(胡樂器)인 비파와 공후 등이 한에 수입되었으며, 이들은 다시 고구려에 전파된 것으로 보인다. 한 무제가 고구려에 고취(鼓吹)와 기인(伎人)을 하사했다는 기록에서 이를 알 수 있다.[44] 그리고 고구려는 서역과 직접 통교하면서 악공(樂工)을 요청하는 등[45] 적극적으로 외래

---

42) 『삼국사기』 권14 고구려본기.

43) 서역은 통상 중국 서쪽 지역인 중앙아시아, 서아시아, 인도, 페르시아 등을 이르며, 본고 역시 이를 따른다.

44) 『해동역사』 권22 악지.

45) 『해동역사』 권22 악지.

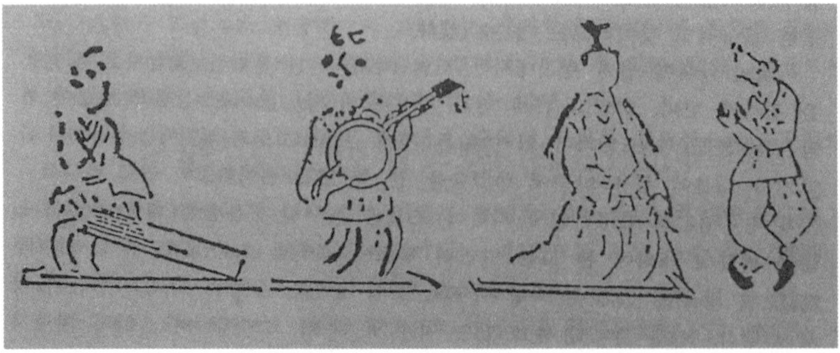

안악군 제3호 고분 모사

음악을 수용하기도 하였다.

이와 같은 교류의 예를 안악군 제3호분 후실 벽화에서 볼 수 있다. 이 그림은 평평한 곳에 앉아 거문고, 월금(月琴), 긴 통소를 연주하는 악사들이 있고, 이 악사의 반주에 맞추어 ×자 모양을 하고 손뼉을 치며 춤추는 사람이 있다. 이에 대해 한국 음악계는 악기와 춤사위로 보아 서역인들의 음악 공연으로 보고 있다.[46] 이를 통해 고구려 왕실은 이미 안악 고분시대에 서역과 문화 교류가 있었음을 확인할 수 있다.

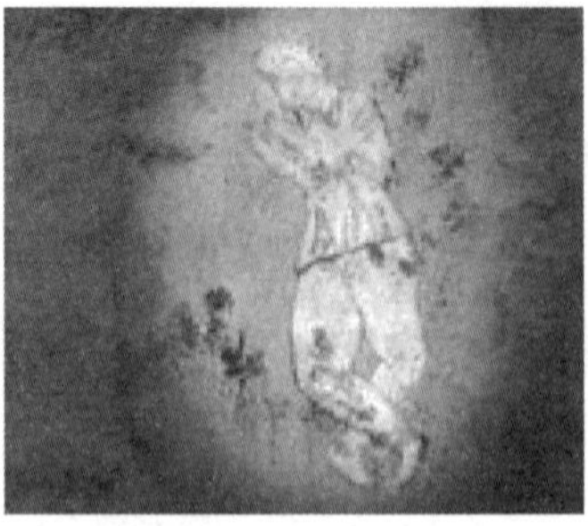

안악군 제3호 고분에서 발굴된 서역인의 음악 공연 모습

---

46) 성경린, 『한국전통무용』, 일지사, 1979, 27쪽; 장사훈, 『국악대사전』, 세광음악출판사, 1984, 284쪽.

이후 고구려의 무악은 더욱 발달하여 5, 6세기 남조와 북조에까지 알려졌으며, 이후 수와 당에까지 영향을 미친 것으로 보인다.[47] 수의 구부기(九部伎) 중 제3위에 고려기(高麗伎)가 놓여 있으며, 지서무(芝栖舞), 호선무(胡旋舞), 고려무(高麗舞)는 이백도 시를 남길 정도로[48] 당에서도 꽤 인기 있는 종목이었던 것 같다. 또한 호선무는 당 구부악(九部樂) 가운데 제5위를 차지하고 있는데, 춤의 성격은 '호(胡)'라고 하는 춤의 제명에서 알 수 있듯이 외래적 요소가 가미되었다고 볼 수 있다.

호무의 하나인 호선무. 고구려와 당에서 매우 유행하였다.

47) 정병호, 『한국의 전통춤』, 집문당, 1999, 70쪽.
48) 『해동역사』 권51 예문지, "금꽃 꽂은 절풍건(관모) 모자를 쓰고, 흰말 타고 느릿느릿 돌아가누나. 펄럭펄럭 너른 소매 춤을 추나니, 마치 새가 해동에서 오는 것 같네.(金花折風帽 白馬少遲回 翩翩舞廣袖 似鳥海東來)"

이처럼 수와 당이 고구려 춤을 궁중악으로 선택한 배경에는 고구려 음악이 고구려적 요소가 많아서 택하였다기보다는 탈고구려-친당(혹은 서역)적 요소가 많았기 때문에 선택했다고 할 수 있다.[49)]

그리고 통구와 집안의 고분 벽화를 보면 완함, 각, 금, 소, 횡적, 요고, 횡적, 오현 등이 그려져 있다. 이들 가운데 오현과 금, 적 등이 서역계 악기라는 점을 상기할 때, 고구려 음악은 중국 음악보다는 서역 음악과 더 가깝다고 할 수 있다.[50)]

이처럼 고구려는 한 · 서역과의 교류를 통해 외래 음악을 적극 수용하고 이를 발전시켜 5~7세기 다시 중국에 영향을 미쳤던 것이다.

2) 백제

고구려가 중국의 북방 문화를 수입한 것과 달리 백제는 남방 문화를 주로 수입한 것으로 보인다. 그러면서도 백제는 중국의 북방 국가들과도 음악 교류를 한 것 같다. 북주(北周) 악부(樂部)과 수 칠부악(七部樂)에 백제기(百濟伎)를 두었다는 기록들에서[51)] 이를 짐작케 한다.

그리고 백제는 불교 수입 이후 고, 각, 공후, 쟁, 우, 지, 적 등 서역계 악기들을 수입하였는데, 이는 백제 음악이 활발하게 국제적인 교류를 했다는 사실을 말해주는 것이라 할 수 있다.[52)]

---

49) 서한범도 고구려의 음악이 수의 9부기와 당의 9부기에 자리를 차지할 수 있었던 것을 서역의 악기를 섭취했기 때문에 가능한 것이라 했다. 서한범, 『개정판 국악통론』, 태림출판사, 2000, 228쪽. 그리고 한흥섭에 따르면 고려기의 악기 편성은 서역 악기와 거의 일치한다고 하였다. 한흥섭, 『악기로 본 삼국시대 음악 문화』, 책세상, 2000, 30쪽.

50) 송방송, 『한국음악통사』, 일조각, 1984, 47~54쪽.

51) 『해동역사』 권22 악지.

52) 한흥섭, 앞의 책, 31~33쪽.

또한 백제의 외래 음악 수용과 전파를 보여주는 대표적인 예는 미마지의 오(吳) 기악 습득과 일본 전파이다. 기록을 보면 백제인 미마지가 일본에 귀화하였는데, 그가 오나라에서 배운 기악을 소년들에게 가르쳤다는[53] 것이다. 이에 대해 전인평은 미마지의 기악을 현전 봉산탈춤의 기원으로 보고, 이 탈춤의 장단(허튼 타령)이 고대 인도 음악의 찬차뜨뿌따(canchatputa) 장단과 유사한 것이라 하였다. 이는 탈춤 진행의 주요 악기인 장구도 인도에서 출발한 것이고, 탈춤 또한 서역에서 기원한 것이기 때문에 가능한 것이라 하였다.[54] 그의 견해를 받아들인다면 백제가 받아들인 오의 음악은 순수한 중국 음악이라기보다는 변형된 인도 음악의 형태이며, 이것을 백제가 받아들였다고 이해할 수 있다. 그리고 백제는 이 음악을 다시 일본에까지 전파했으니 이를 통해 고대 한중일의 문화적 교류의 한 단면을 엿볼 수 있는 셈이다.

3) 신라

고구려와 백제에 비해 늦게 고대 국가로 출발한 신라는 문화 문물 수입에서 적극성을 띠었다. 병합한 가야국의 음악을 수용 발전시키는 한편 고구려로부터 거문고와 악곡의 수입, 당으로부터 비파 · 삼죽과 악곡 등을 수입하기에 이른다. 그 결과 거문고 악곡 187곡, 가야금 악곡 185곡, 비파곡 212곡, 삼죽 악곡 298곡을 확보하였다.[55]

여기서 흥미로운 점은 우륵이 제작한 가야금곡 12편 가운데 사자기(獅子伎)가 있다는 것이다. 이는 중앙아시아에서 전파된 사자놀이가 6

---

53) 『일본서기』 권22 추고천황.

54) 전인평, 「열국시대와 남북국시대의 외래음악」, 『국악원논문집』 11집, 국립국악원, 1999, 136~143쪽.

55) 『삼국사기』 권32 잡지 제사 · 악.

세기 신라에 이미 소개되었다는 것을 말해주는 것이기 때문이다.[56)]

이런 외래 음악의 수용 전통은 최치원(崔致遠)이 남긴 〈향약잡영오수(鄕樂雜詠五首)〉에서 그 꽃을 피웠다.[57)]

〈금환(金丸)〉
몸을 돌리고 팔 휘두르며 금구슬을 희롱하니,
달 흐르고 별 떠올라 눈에 가득 차누나.
의좋은 친구 있다한들 어찌 이보다 더 좋으랴?
넓은 세상 태평한 것 이제야 알겠구나.[58)]

〈월전(月顚)〉
높은 어깨 움추린 목, 머리털 높이 세우고,
팔을 걷은 뭇 선비들 술잔 시비 한창이네.
노래 소리 듣고서 사람 모두 웃는데,
밤에 세운 깃발이 새벽을 재촉하누나.[59)]

〈대면(大面)〉
황금빛 얼굴 그 사람이,
구슬 채찍 들고 귀신 부리네.
빠른 걸음 조용한 모습으로 운치있게 춤추니,
붉은 봉새가 요시대 봄철에 춤추는 것 같구나.[60)]

---

56) 한홍섭, 앞의 책, 34쪽.
57) 『삼국사기』 권32 잡지 제사·악.
58) 廻身掉臂弄金丸, 月轉星浮滿眼看, 縱有宜僚那勝此, 定知鯨海息波瀾
59) 肩高項縮髮崔嵬, 攘臂羣儒鬪酒盃, 聽得歌聲人盡笑, 夜頭旗幟曉頭催
60) 黃金面色是其人, 手抱珠鞭役鬼神, 疾步徐趍呈雅舞, 宛如丹鳳舞堯春

〈속독(束毒)〉
엉킨 머리 쪽빛 얼굴, 사람 같지 않은데,
떼를 지어 뜰에 나와 난새 춤을 배우네.
북은 둥둥 울리고, 바람 솔솔 부는데,
이리 저리 뛰어 놀아 끝이 없구나.[61]

〈산예(狻猊)〉
머나먼 길 걷고 걸어 사막을 지나오니,
털 가죽은 헤어지고 먼지가 쌓였는데,
흔드는 머리, 흔드는 꼬리에 어진 모습 배었구나.
웅장한 그의 기상, 모든 짐승이 못미치리.[62]

오기(五伎)로 알려진 이 작품은 대체로 서역의 영향을 받은 것이라 할 수 있다.[63] 「금환」은 4, 5세기 무렵 팔청리, 약수리, 수산리고분 등 고구려 벽화에 있을 정도로 북방지역에서 유행한 기예인 듯 하고, 「월전」은 서역에 있는 우전국(于闐國)[지금의 Khotan(和闐)]에서 유래한 탈춤의 일종으로 호인 형상의 탈을 쓴 배우들의 흉내 내기 놀이이며, 경희극과 같은 것이다.[64]

「대면」은 금색 가면을 쓰고 잡귀를 물리치는 춤으로서 동북아 일대의 공통된 샤먼 춤이라 할 수 있다. 이 「대면」에 대해 『통전(通典)』은 북제가 북주의 군대를 물리칠 때 사용한 가면이라 하였고, 이후 이를 기리기 위해 노래로 만들었다고 했다.[65] 즉 『통전』에는, "대면은 북제

61) 蓮頭藍面異人間, 押隊來庭學舞鸞, 打鼓冬冬風瑟瑟, 南奔北躍也無端
62) 遠涉流沙萬里來, 毛衣破盡着塵埃, 搖頭掉尾馴仁德, 雄氣寧同百獸才
63) 성경린, 앞의 책, 35쪽; 장사훈, 앞의 책, 286쪽; 정병호, 앞의 책, 86쪽.
64) 이두현, 『한국의 가면극』, 일지사, 1979, 63쪽.

에서 나왔다. 난릉왕 장공은 재주와 용맹함이 있고, 더구나 용모가 아름답기 때문에 늘 쓰고 적군을 대하였다. 일찍이 북주의 군대를 금용성 아래에서 무찌르고, 그 용맹은 전군에서 으뜸이었다. 북제 사람들은 이것을 장하게 여겨 이 춤을 만들어서, 그 아름다운 지휘하는 몸짓과 무찌르는 모습을 나타내었다. 이 곡을 '난릉왕 입진곡'이라고도 한다."고 하였다. 이 춤이 북제에서 시작되었다고 하나 내용을 보면 서량기의 사자랑 춤으로 생각된다.[66]

그리고 「속독」[67]은 사마르칸트(Samarkand) 일대의 소그드(Sogd)[지금의 우즈벡공화국 일대, 이란어족계] 제국에서 전래된 건무(健舞)로 고구려의 호선무와 유사하다. 끝으로 「산예」는 서역의 사자춤으로 앞서 언급한 우륵의 사자기(獅子伎)와도 동일한 것으로 추정할 수 있다.[68]

이상에서 보듯 신라는 중국과 서역의 음악을 수용하여 발전시켰던 것이다. 이는 신라가 한반도를 벗어나 인도와 중앙아시아까지 교류하였기 때문에 가능했을 것이다. 그 좋은 예가 바로 혜초의 『왕오천축국전』과 둔황 및 막고굴 벽화 몇 점이다.

혜초는 20대인 723년경 『왕오천축국전』을 쓴 바 있는데, 이는 인도

---

65) 기시베시게오, 송방송 역, 『고대실크로드 음악』, 삼호출판사, 1992, 278쪽.

66) 김학주, 「향약잡영과 唐戱의 比較考釋」, 『아세아연구』 14, 1964, 138쪽.

67) 속독은 'Sogd'의 음사이다. Sogd 또는 Sogdiana로 현재 대부분이 우즈벡공화국에, 일부가 타지크공화국에 속해 있다. 속독은 사산조페르시아, 돌궐의 지배를 받다가 8세기에 들어 아랍에 정복되어 아랍세계로 편입되었다. 1965년 사마르칸트 근교 아프라시압의 소그드 궁전벽화에 나오는 소그드란 최치원의 「향악잡영」 오수 중에 나오는 「속독」이다. 소그드 궁전벽화에 한국인으로 보이는 등장인물에 대해서는 『고고미술』, 고고미술학회, 1976, 165쪽 참조.

68) 송수남, 『한국무용사』, 금광, 1988, 47~49쪽; 김매자, 『한국무용사』, 삼신각, 2002, 57~61쪽; 전인평, 앞의 책, 143~147쪽.

둔황석굴 제237호에서 발굴된 조우관을 쓴 신라인(동그라미 안)

구도여행기로 바닷길로 출발하여 육로로 귀로하는 여정을 담고 있다.[69] 혜초가 이렇게 먼 길을 갈 수 있었다는 것은 당시 혹은 그 이전부터 교류가 있었기 때문에 가능했다. 그리고 정수일에 따르면 둔황 석굴 제237호 굴의 조우관을 쓴 인물이 신라인이며, 베제클라크 제33호 굴 벽화에 신라 왕자로 추정되는 인물이 있다고 하였다.[70] 이처럼 혜초의 활동과 정수일의 견해를 정리하면 신라인의 활동 범위가 중앙아시아까지 확장되었고 이와 같은 교류를 통해 신라는 이국 문화 수입에 비교적 적극적이고 자유로웠다고 할 수 있다.

그리고 신라는 후기에 이르면 당악과 많은 당악기를 수입하기에 이른다. 유입된 당악기는 당비파, 박판, 대고, 당피리, 박 등인데 이들은

69) 혜초와 『왕오천축국전』에 관한 자세한 설명은 임기중, 「대당서역기와 왕오천축국전의 문학적 의미」·「혜초 스님과 왕오천축국전」, 『한국고전문학과 세계인식』, 역락, 2003, 458~484쪽; 639~641쪽 참고.

70) 정수일, 『실크로드 문명기행』, 54쪽; 75쪽.

베제클라크 제33호에서 발굴된 벽화. 신라 왕자로 추정되는 인물이 그려져 있다.

궁중 제례 및 연향악에서 중요하게 사용되었다.

이처럼 신라는 초기부터 후기까지 외래 음악 수용에 매우 적극적이었음을 알 수 있다. 만파식적 이야기도 이런 외래 악기 수입의 한 단면을 보여주는 설화적 표현이 아니었을까 한다.

2. 고려 음악문화의 외래성

고려의 건국은 중세가 시작되는 분기점으로, 문화사적 측면에서도 전대와 다른 행보를 보인다. 다시 말해 고려 건국을 중심으로 우리 문화사는 개별문화적 성격에서 벗어나 보편주의적 문화로 좀 더 접근했다고 할 수 있다. 그 가운데 비교적 두드러진 분야가 음악이었다.[71] 광종 이후 고려의 집권층은 예악사상에 입각한 국가운영을 실천하기 위해서 예제 정비와 음악 정리에 많는 노력을 경주했다. 훈요십조, 최승로의 시무 28조의 내용과 『예기(禮記)』·『의례(儀禮)』·『주례(周禮)』의 수입 등이 유교 예법 수립에 관한 노력들이었다. 그리고 아악과 당악의 수입, 『악경(樂經)』의 수입, 『고려사』 악지 등은 음악 정리에 힘썼던 증거들이다. 이처럼 고려의 예악 사상의 실현을 위해 중국을 통해 예법(예서)과 음악(악서)을 적극 수입했던 것이다. 그리고 외래 음악의 수용은 이후 고려 궁중 음악 환경을 크게 변화시켰을 뿐만 아니라 재래 음악에도 어느 정도 영향을 미쳤을 것으로 보인다.

고려 궁중의 음악은 쓰임에 따라 의식악과 연향악으로 나눌 수 있다. 의식악은 다시 제례악과 조회악으로 나눌 수 있으며, 이들은 각각 길·가·군·흉·빈례 등 오례에 사용되기도 하였다. 연향악은 주로 군신회례연 같은 연회에 쓰였다. 또한 고려 궁중 음악은 기원과 형성에 따라 아악, 당악, 속악(향악)으로 나누는데, 속악을 제외하고는 모두 중국에서 수입된 음악이다. 이 음악들은 용도에 따라 아악[일무(佾舞)]은 제례 때, 당악(당악정재)과 속악(속악정재)은 잔치 때 사용되었다.

이처럼 고려의 궁중 음악은 아악, 당악, 속악 등이 제례 및 잔치 때 사용되었는 바 그것들의 기원과 형성, 고려의 수용 경로를 추적함으로써 고려 궁중의 음악 환경을 살펴볼 수 있겠다.

---

71) 본서에서 '음악'은 '박자, 가락, 음성 등을 형식적으로 조화 결합하여 목소리나 악기로 표현하는 소리 예술'은 물론 '이 소리 예술에 맞추어 언어로 표현하는 노래와 몸 혹은 도구를 이용하여 표현하는 행위 예술 무용'까지 포함한다. 왜냐하면 중세 음악은 가·무·악이 분리된 채 연행되었던 것이 아니라 이 두 가지 이상이 함께 표현되었기 때문이다.

1) 아악

원래 아악(雅樂)이란 아정(雅正)한 음악이란 의미를 지닌 것으로 주나라 때부터 사용한 궁중의 제사 음악, 즉 원구, 사직, 태묘[종묘], 선농, 선잠, 문선왕묘 제사에 쓰는 음악을 말한다.

아악은 발전과 변개를 거듭하다가 1102년 송 휘종이 왕위에 오른 뒤 대대적으로 정비되었다. 휘종의 명으로 1105년 9월에 대성부(大晟府)에서 기존의 아악을 대성아악(大晟雅樂)으로 다시 편곡, 반포하였다. 이 대성아악은 대성악(大晟樂), 대성신악(大晟新樂)으로도 불린다. 송 휘종 이전에도 아악은 아홉 번의 수정을 거쳤는데, 휘종에 이르러 위한진(魏漢津)처럼 음률에 해박한 이를 등용하고, 진양(陳暘)에게 『악서(樂書)』 200권을 편찬케 함으로써 아악을 전면적으로 정비하였다.[72] 그리고 1105년 아악이 정비된 이후 대성부에서 이를 관장케 하였으며, 구악을 폐지하였다.

이 대성아악이 고려에 수입된 것은 예종 11년(1116)이었다. 고려가 대성아악을 수입하게 된 것은 당시 북방민족[여진, 금]에 대한 배척과 송 문물의 수용을 통한 문화 수준 제고를 위한 욕구에서 기인한 것 같다. 고려가 동아시아의 보편적 질서 속에 편입하는 과정에서 당시 문화 선진국이던 송의 문물을 수입하려는 욕구와 예종 때에 일어났던 문존(文尊) 의식 등도 작용한 것으로 보인다.

아악의 등장은 고려의 문화사적 흐름에 큰 변화를 가져오는 계기가 되었다. 음악적 측면에서는 각종 궁중 의식에 속악 · 당악과 함께 아악을 추가 사용하게 됨에 따라 당악의 역할과 속악의 성격 변화를 가져온 점을 들 수 있다. 그리고 아악 수입으로 인해 문학적 측면에서는 새로

72) 『송사』 권80 숭녕 원년(1102), 2년(1103) 9월.

운 악장의 제작이 뒤따랐던 것이다. 아악의 수용과 변화는 크게 세 차례에 걸쳐 이루어졌는데 이를 시기별로 알아보기로 하자.

① 1기 예종대

고려가 송으로부터 아악을 본격적으로 수입하기 이전인 예종 9년[1114년, 휘종 정화 4년]에 악기를 먼저 수입하고[73] 이로부터 2년 뒤 대성악을 본격적으로 수입하였다.[74] 이 때 송으로부터 악보와 사를 함께 수입했음을 볼 때,[75] 고려의 악장은 송 악장에서 일정 정도 영향을 받아 제작된 것으로 보인다. 수입 이후인 1116년 10월 정묘에 예종은 태묘제에 대성아악을 사용하였고,[76] 이 때 새로운 악장을 사용하였는데, 그 악장은 「악지」에 수록된 태묘악장이다.[77] 그리고 이렇게 수용된 아악은 예종대는 물론 다음 대인 인종 7년(1129) 3월에 석전을 행할 때 사용되었고,[78] 12년(1134) 1월에 적전제에서도 쓰였다.[79] 따라서 예종·인종 때의 아악은 주로 태묘, 적전[선농]에 사용한 것으로 보인다. 이처럼 예종·인종대는 대성악의 적극적 수용, 고려 아악 악장의 제작, 그리고 그것을 실연한 시기로 요약할 수 있다.

---

73) 『고려사』 권70 악지 아악.
74) 『고려사』 권14 세가.
75) 『송사』 권82.
76) 『고려사』 권14 세가.
77) 『고려사』 권70 악지 아악 태묘악장. 태묘 구실의 등가 악장은 다음과 같다. 태조(太祖)[太定之曲], 혜종(惠宗)[紹聲之曲], 현종(顯宗)[興慶之曲], 덕종(德宗)[嚴安之曲], 단종(靖宗)[元和之曲], 문종(文宗)[大明之曲], 순종(順宗)[翼善之曲], 선종(宣宗)[淸寧之曲], 숙종(肅宗)[重光之曲].
78) 『고려사』 권16 세가.
79) 『고려사』 권16 세가.

② 2기 의종대

예종 · 인종 이후 아악은 의종, 명종, 충렬왕, 충선왕, 공민왕대를 거치면서 변화를 겪게 된다. 의종 때 태묘 9실에 배향된 임금과 노래에 약간의 변화를 가져왔다. 의종 때 것으로 보이는 「등가헌가악질주절도」를[80] 보면, 예종 11년에 제작한 태조[太定之曲], 혜종[紹聲之曲], 현종[興慶之曲], 덕종[嚴安之曲], 정종[元和之曲], 문종[大明之曲], 순종[翼善之曲], 선종[淸寧之曲], 숙종[重光之曲] 가운데서 덕종과 정종 대신 예종[美成之曲]과 인종[理安之曲]으로 대체되었으나 악장의 내용은 알 수 없다. 또한 의종대에 가무악의 혼란으로 무의(舞儀) · 아악의 연주 절차 등에 변화가 있었던 것으로 보인다. 그리고 명종대에 이르면 송 대성악의 쇠퇴와 함께 고려의 아악도 변질의 조짐도 있었다.[81]

③ 3기 공민왕대

원 간섭기에 고려 아악과 악장의 두드러진 변화는 앞서 언급한 석전제와 석전악장의 수용이다. 이후 고려의 아악은 공민왕 때에 이르러 다시 한 번 변화를 겪게 된다. 주지하다시피 공민왕은 원 · 명 교체기인 1351년에 즉위하여 반원 정책을 꾸준히 실행하고, 1356년에 원의 연호를 폐지하고 정동행중서성이문소를 없애 원 세력을 몰아낸 인물이다. 또한 공민왕 때는 홍건적과 왜구의 침략이 매우 심했던 시기이기도 하다. 이런 상황 아래 공민왕의 아악 정책은 일실된 아악에 대한 복구와 원 영향의 아악을 교체하는 것으로 진행된다. 공민왕의 아악에 대한 복구 노력은 8년에 악기 제작과 12년(1363)에 신제 악장으로 나타난다.[82]

공민왕이 새로 9실에 배위한 왕은 태조, 혜종, 현종, 원종, 충렬왕,

80) 『고려사』 권70 악지 아악.
81) 『고려사』 권70 악지 아악.
82) 『고려사』 권70 악지 아악 태묘악장.

충선왕, 충숙왕, 충혜왕, 충목왕 등인데, 이 가운데 원종 이하는 새로 올린 왕들이다. 이렇게 태묘악에 대한 정리가 끝난 다음 18년(1369)에 문묘악에 대한 정비를 한다. 문묘악은 이미 공민왕 10년(1361)에 많이 손상되어 있었던 것으로 보인다. 이에 공민왕은 16년(1367)에 이색(1328~1396)에게 문묘제례에 대한 예법을 검토하라고 명한다. 얼마 안 있어 이색의 주도로 문묘악이 정비되었다.[83] 이처럼 공민왕 18년까지의 아악 정비는 태묘악에 있어서는 악곡과 가사에 대한 정비를, 문묘악은 의식 절차에 대한 정비를 위주로 진행한 것이다.

공민왕 집권 후반기에 들면 또 한번 변화를 갖게 된다. 공민왕 19년 5월과 21년 3월의 기사를 보면[84] 공민왕의 아악 회복 의지와 명과의 음악 교류를 엿볼 수 있다. 명(明)은 고려에 아악기를 선물로 주었으며, 고려는 명에 악공을 요청하는 등 활발한 음악 교류가 있었다. 이로써 고려는 아악을 다시 한번 일신하게 된다. 다시 말해 기존의 송·원대의 아악에서 명의 아악으로 바뀌었던 것이다. 이후 고려가 멸망할 때까지 명의 아악을 계속 사용하였다.

그리고 수입한 아악기를 보면 편종, 편경, 일·삼·오·칠현금, 슬, 지, 소, 생, 화생, 훈, 박부, 축, 어(이상 등가 악기)와 진고, 입고(헌가 악기)와 공후, 박판, 쟁, 적, 피리 등이 있는데, 모두 새로운 악기들이기 때문에 수입 초기에는 송 악공들에게 직접 사사했을 가능성이 크다고 할 수 있으며, 연주 방식도 중국식을 따랐던 것으로 보인다.

이상에서 보듯 고려는 송·원·명이 중원이 주인이 될 때마다 그들의 음악을 적극 수용하여 각종 제례에 사용하였던 것이다.

---

83) 『고려사』 권62 예지.
84) 『고려사』 권70 악지 아악.

2) 당악과 당악정재

신라는 문무왕 4년(664) 3월에 당악을 수입하였고, 고려는 기존의 당악에 송의 교방악과 사악을 수용하면서 비중을 키워 나갔다. 고려의 당악은 "광종이 당나라 악기와 악공을 청하여 그 자손 대대로 그 업을 지키게 하였는데, 충렬왕 대에 이르러 김여영이 맡고, 충숙왕 대에는 그 손자 김득우가 맡았다."[85]는 언급으로 미루어 당악과 당악기를 지속적으로 수입하면서 적극 활용했던 것으로 보인다. 그리고 문종 30년(1076)에 대악관현방(大樂管絃房)을 정하면서 당악 제도를 어느 정도 확립한 것으로 보인다.[86] 이런 과정을 통해 당악은 좌부악(左部樂)으로서 고려 음악사에 중요한 역할을 수행하였다.

원래 당악은 당나라 이전부터 서역에서 수입된 음악, 당나라의 음악 그리고 송나라의 교방악과 사악 모두를 가리킨다. 고려시대의 당악은 주로 송사악인데 이 음악의 가사는 송사로서 대곡과 산사를 말한다.[87] 『고려사』「악지」 당악조에 소개된 당악곡 48곡이 이에 해당한다. 이 가운데 〈헌선도〉 등 5곡은 정재의 창사로 사용되었고, 나머지는 독립된 성악곡의 가사이다.

> 헌선도(獻仙桃), 수연장(壽延長), 오양선(五羊仙), 포구락(抛毬樂), 연화대(蓮花臺) (이상 당악정재와 창사)

> 석노교곡파(惜奴嬌曲破), 만년환만(萬年歡慢), 억취소만(憶吹簫慢), 낙양춘(洛陽春), 월화청만(月華淸慢), 전화지령(轉花枝令), 감황

85) 『태종실록』 권22 11년 12월 15일(신축).
86) 『고려사』 권80 식화지 녹봉 제아문공장별사.
87) 송방송, 앞의 책, 190쪽; 서한범, 앞의 책, 110쪽.

은령(感皇恩令), 취태평(醉太平), 하운봉만(夏雲峯慢), 취봉래만(醉蓬萊慢), 황하청만(黃河清慢), 환궁악(還宮樂), 청태평(淸平樂), 여자단(荔子丹), 수룡음만(水龍吟慢), 경배악(傾杯樂), 태평년만(太平年慢), 금전악만(金殿樂慢), 안평악(安平樂), 애월야면지만(愛月夜眠遲慢), 석화춘조기만(惜花春早起慢), 제대춘만(帝臺春慢), 천추세령(千秋歲令), 풍중류령(風中柳令), 한궁춘만(漢宮春慢), 화심동만(花心動慢), 우림령만(雨淋鈴慢), 행향자만(行香子慢), 우중화만(雨中花慢), 영춘악령(迎春樂令), 낭도사령(浪淘沙令), 어가행령(御街行令), 서강월만(西江月慢), 유월궁령(遊月宮令), 소년유(少年遊), 계지향만(桂枝香慢), 경금지령(慶金枝令), 백보장(百寶粧), 만조환령(滿朝歡令), 천하악령(天下樂令), 감은다령(感恩多令), 임강선만(臨江仙慢), 해패령(解佩令) (이상 당악 가사)

「악지」가 악장과 정재 홀기[혹은 광의의 무보(舞譜)]를 싣고 있다는 점에서 이전 악서와 다른 점을 찾을 수 있다. 앞서 살핀 아악 가사의 경우 창작 시기와 배경을 비교적 소상히 서술하고 있는 것처럼 정재에 관해서도 유래, 내용, 구성, 무의, 의물, 무구, 음악, 창사 등을 순서대로 기록하고 있다. 「악지」를 통해 알 수 있는 고려의 정재는 〈헌선도〉, 〈수연장〉, 〈오양선〉, 〈포구악〉, 〈연화대〉 등 5종목이다. 하지만 이외에도 많은 당악정재가 존재했을 것으로 보인다. 당악정재 도입 초기에 〈포구락〉 이외에도 〈답사행가무(踏沙行歌舞)〉, 〈구장기별기(九張機別伎)〉, 〈왕모대가무(王母隊歌舞)〉 등을 공연했기 때문이다.[88]

88) 『高麗史』 卷71 樂志 用俗樂節度, "문종 27년 2월 을해에 교방에서 여제자 진경 등 13인이 전한 답사행가무를 연등회에서 쓰기를 주청했는데 제문을 내려 그것에 따랐다. 동년 11월 신해에 팔관회를 차리고 국왕이 신봉루에 임어하여 악무를 관람하였는데 교방 여제자 초영이 새로 전래한

한편 당악정재를 살펴보면 〈헌선도〉는 예종 9년(1114)에 처음 공연된 춤으로 군왕을 송축하기 위해 왕모(王母)가 선계에서 내려와 선도(仙桃)를 바치는 내용이며, 〈수연장〉은 장수를 기원하는 내용으로 되어 있다. 〈오양선〉은 송에서 전래된 당악무로 군왕을 송축하는 내용으로 되어 있으며, 〈포구락〉은 송에서 전래된 여성의 군무(群舞)로 문종 27년(1073)년 처음 연희되었다.

이들 외에 우리의 주목을 요하는 것이 〈연화대〉이다. 이 연화대는 『고려사』의 기록에서 알 수 있듯이 척발위(拓跋魏)에서 기원한 것으로 그 유래가 오랜 것임을 알 수 있다.[89] 이에 대해 차주환은 치밀한 문헌 고증을 통해 척발위는 북위척발(北魏拓跋)이며, 이 북위척발은 자지무(柘枝舞)임을 밝혔다.[90] 따라서 연화대는 북위에서 발원하여 당-송-원을 거쳐 고려에까지 전파된 가무악임을 알 수 있다. 여기서 한 가지 첨언할 점은 이처럼 서역에 기원을 둔 춤곡이 조선시대에 이르면 〈처용무〉와 합설이 되었는데[91] 그렇다면 처용무 역시 그 기원이 외래

〈포구락〉과 〈구장기별기〉를 연주했다. 〈포구락〉은 제자가 13인이고 〈구장기〉는 제자가 10인이다. 동 31년 2월 을미 연등 때 국왕이 중광전에 임어하여 악무를 관람하였는데 교방 여제자 초영이 〈왕모대가무〉를 연주했다. 1대가 55인이고 춤으로 네 글자를 만들어 내는데 혹은 '군왕만세' 혹은 '천하태평'이 된다."

89) 『고려사』 권71 악지 당악. "연화대 춤은 본래 북위(北魏)에서 창작된 것으로서 두 처녀에게 고운 옷을 입히고 모자를 씌우는데 모자에는 금방울을 달았으므로 춤을 출 때마다 방울소리가 난다. 그리고 춤을 추는 처녀가 나올 때에는 연꽃 속에 숨어 있다가 꽃잎이 열리면서 나타나는 것인데 모든 춤 중에서도 우아하고 절묘한 춤으로서 전해온 지 오랜 것이다."

90) 차주환, 『당악연구』, 범학도서, 1976, 64~67쪽.

91) 『악학궤범』 권5 시용향악정재도의 학연화대처용무합설. 이 점에 대해서 차주환은 "命意나 歌舞 初頭와 末尾에 그것을 上演하는 方法 등은 中國에서 온 것이 아닌가"라고 하였다. 앞의 책, 70~71쪽.

연화대, 순조기축진찬도병

연화대

적인 것이기 때문에 가능한 것으로 보인다.

또한 앞서의 제례 및 연향악 이외에도 임금의 거둥악이나 고취악에서도 외래악이 사용되었다. 의종 때의 위장(衛仗)을 보면 "안국기(安國伎) 1부 잡기(雜伎) 1부 각 40인이 좌우로 나뉘고, 고창기(高昌伎) 1부 16인은 왼편에 있고, 천축기(天竺伎) 1부 18인은 오른편에 있다."는 기록과 "안국기, 잡기 각 40인이 좌우로 나뉜다."는 기록 등으로[92] 보아 거둥악과 고취악에 외래악이 사용되었음을 알 수 있다. 왜냐하면 '고창, 안국, 천축'의 서역 국가 이름들로 그 유래를 짐작할 수 있기 때문이다. 그리고 여기서 우리가 주목할 점은 고려의 위장악이 수나라 9부기의 일부를 전승하고 있다는 점이다. 수의 9부기는 1. 국기(國伎)-서량악(西涼樂), 2. 청상기(淸商伎)-중국의 속악, 3. 고려기(高麗伎)-고구려 음악, 4. 천축기(天竺伎)-인도 음악, 5. 안국기(安國伎)-보카라 음악, 6. 구자기(龜茲伎)-고차(庫車) 음악, 7. 소륵기(疏勒伎)-카시가르(Kashgar) 음악, 8. 강국기(康國伎)-사마르칸드(Samarkand) 음악,

92) 『고려사』 권72 여복지 의위.

9. 문강기(文康伎) - 진(晉)의 가면극 등이다. 이 가운데 천축기와 안국기 등은 서역 음악인데, 이를 고려가 위장악으로 사용하고 있는 것이다. 이는 고려가 송의 음악 이외에 수의 음악까지도 수용하여 고려 궁중음악으로 계승 발전했다는 증거이기도 하다.

그리고 수입한 악기를 보면 방향, 퉁소, 적, 팔공피리, 4현비파, 아쟁, 대쟁, 장고, 교방고, 6결박 등인데 이들은 교방악에서 사용되었다. 이들 악기는 독주용이라기보다는 당악과 당악정재의 반주 음악으로 협연되었을 것으로 추정할 수 있다. 또 악기가 당악기이기 때문에 연주 방식 역시 중국식으로 연주되었을 것으로 보인다.

한편 고려의 민간에서도 북방의 거란, 여진, 몽고 등에서 호악기인 해금을 받아들여 호악과 호희까지 즐겼음을 볼 때,[93] 외래 음악이 민간에까지 친숙히 스며들었음을 알 수 있다.

이처럼 고려의 당악 수용은 매우 개방적이며 활발했음을 알 수 있다. 당악 48곡을 받아들여 고려 궁중의 의식 및 연향악으로 활용하는 한편 위장악에서도 수의 9부기를 계승했음을 볼 때, 고려의 당악 의존도는 대단히 컸다고 할 수 있다. 특히 서역 음악이 습합된 중국 음악과 무용까지도 적극 수용한 점은 고려의 개방적 태도와 유연성을 짐작케 한다. 이는 고려가 활발한 교류 속에서 세계 국가로서의 기반과 토양을 갖추었기 때문에 가능했던 것이라 하겠다.

3) 속악정재와 속악

앞서 살폈듯이 고려 궁중의 음악 세계가 아악과 당악 등 외래 음악들로 상당 정도 채워졌다면 속악과 속악정재는 어떤 상황에 놓여 있던

93) 성경린, 앞의 책, 39쪽.

것일까. 경우의 수는 두 가지로 응전 내지 (적극) 수용으로 요약할 수 있겠다.

송방송은 고려의 속악정재가 당악정재에 대항하여 궁중무용으로서 일정한 형태를 갖추어 나타난 것이라 했으며,[94] 박경주 역시 대성악과 송사악이 대거 수입되어 궁중의 제향이나 연향에 쓰이기 시작하면서 당악가사인 송사(宋詞)에 대응할 새로운 속악가사가 요구되었고 그러한 배경 하에 고려속요가 형성 발전하였다고 했다.[95] 이 두 견해 모두 당악정재(당악, 송사)에 대한 대응으로써 고려 속악정재(속악, 고려가요)의 형성을 말하고 있다.

하지만 대전제를 중심에 놓고 각도를 달리하면, 속악정재와 고려가요(고려속요) 탄생의 일등 공신은 바로 대성악(아악)과 송사(원곡)라 할 수 있다. 이들의 논리대로라면 중국 음악의 수입이 없었다면 속악과 고려가요가 형성될 수 없었기 때문이다. 그리고 민요가 고려속요화하는 데 당악[송사인 대곡(大曲)과 산사(散詞)]가 결정적인 역할을 했다는 견해를[96] 받아들인다면 속악은 외래 음악을 적극 받아들여 발전의 계기로 삼았다고 할 수 있다.

그럼 외래 음악의 도래 속에서 고려 속악에는 어떤 변화가 있었는지, 변화된 부분은 어떤 것인지 속악정재와 일부 속악을 중심으로 살펴보기로 하자.

무고(舞鼓), 동동(動動), 무애(無㝵) (이상 속악정재)

---

94) 송방송, 앞의 책, 180쪽.
95) 박경주, 「전승방식과 음악성을 통해 본 고려시대 시가장르의 흐름」, 『한국시가연구』 제13집, 한국시가학회, 2003, 65쪽.
96) 박노준, 『고려가요의 연구』, 새문사, 1990, 25~31쪽.

서경(西京), 대동강(大同江), 오관산(五冠山), 양주(楊州), 월정화(月精花), 장단(長湍), 정산(定山), 벌곡조(伐谷鳥), 원흥(元興), 금강성(金剛城), 장생포(長生浦), 총석정(叢石亭), 거사연(居士戀), 처용(處容), 사리화(沙里花), 장암(長巖), 제위보(濟危寶), 안동자청(安東紫青), 송산(松山), 예성강(禮成江), 동백목(冬栢木), 한송정(寒松亭), 정과정(鄭瓜亭), 풍입송(風入松), 야심사(夜深詞), 한림별곡(翰林別曲), 삼장(三藏), 사룡(蛇龍), 자하동(紫霞洞) (이상 속악가사)

「악지」에 소개된 속악정재는 모두 3종목이지만 "고려시대만 해도 속악이란 개념에 정재가 포함되었다."는 견해를[97] 받아들인다면 이보다 많은 정재가 존재했을 것으로 보인다. 그리고 속악정재의 전통으로 보아 이미 신라시대에도 많은 정재가 있었음을 환기할 때 고려 궁중 또한 적지 않은 정재를 소유했을 것으로 추정할 수 있다. 속악정재의 특징은 당악정재의 죽간자, 치어 · 구호는 없으며 창사는 우리말로 노래를 사용한다는 점이다.[98] 그러나 고려속요 가운데 치어(致語) 구호적 발상에서 생성된 노래가 적지 않은 점으로 볼 때,[99] 당악정재와 속악정재의 관계는 배타적이지는 않은 것으로 보인다.

① 무고정재

『고려사』 악지에 실린 무고(舞鼓)의 유래는 이러하다. 충선왕 때 시중 이혼(李混, 1252~1312)이 영해(현재 경북 영덕군 소재)에 유배되어 갔을 때 바닷가에서 부사(浮查 : 뗏목 혹은 풀명자나무)를 얻어 그것으로 무고를 만들었는데, 그 소리가 굉장했다. 그 춤은 즐겁게 돌아가는

97) 송방송, 앞의 책, 180쪽.
98) 정은혜 편저, 『정재연구1』, 대광문화사, 1999, 190쪽.
99) 박노준, 『고려가요의 연구』, 새문사, 1990, I장 및 III장.

것으로, 펄렁펄렁 한 쌍의 나비가 꽃을 감도는 것 같고, 용감스럽게 두 마리의 용이 구슬을 다투는 것 같다. 악부에서는 가장 기묘한 것이다.[100)]

〈정읍(井邑)〉

전강(前腔)	ᄃᆞᆯ하 노피곰 도ᄃᆞ샤
	어긔야 머리곰 비취오시라
	어긔야 어강됴리
소엽(小葉)	아으 다롱디리
후강전(後腔)	全져재 녀러신고요
	어긔야 즌ᄃᆡᄅᆞᆯ 드ᄃᆡ욜셰라
	어긔야 어강됴리
과편(過編)	어느이다 노코시라
김선조(金善調)	어긔야 내 가논 ᄃᆡ 졈그ᄅᆞᆯ셰라
	어긔야 어강됴리
소엽(小葉)	아으 다롱디리.[101)]

무고정재에 대한 기록과 창사(唱詞)인 〈정읍〉이다. 무고는 이혼이 영해에 귀양살이 할 때, 바다에서 뜬 부사를 발견하여 무고(북)을 만들었다고 한다. 여기서 우리가 주목할 점은 무고의 재료가 바다로부터 왔다는 것이다. 이는 무고가 외래 악기일 가능성을 어느 정도 시사한다고 하겠다. 악기를 보더라도 북의 모양이나 북틀에 얹어 연주하는 방법 등

100) 『고려사』 권71 악지, "舞鼓 侍中李混謫宦寧海 乃得海上浮査 制爲舞鼓 其聲宏壯 其舞變轉 翩翩然雙蝶繞花 矯矯然二龍爭珠 最樂部之奇者也"

101) 봉좌문고본 『악학궤범』, 권5 시용향악정재도의. 무고.

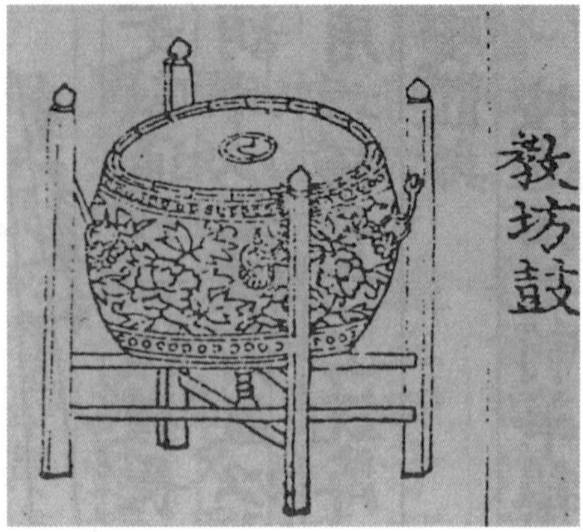

△ 교방고

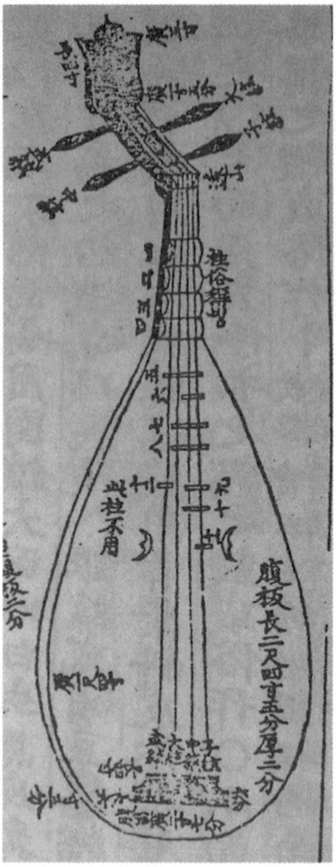

◁ 당비파

이 당악기인 교방고(敎坊鼓)와 아주 흡사하여[102] 외래 악기일 가능성을 높여주고 있다.

그리고 〈정읍〉의 음악적 표지 가운데 '김선조(金善調)'가 있는데 이는 고려 고종 때 비파의 명인 김선의 가락으로 볼 수 있다.[103] 실제 김선의 비파 연주에 대한 명성은 〈한림별곡〉 6연의 시어로['金善琵琶'] 쓰일 정도로 대단했던 것으로 보인다. 이런 까닭에 무고정재에서 (김선의) 비파 가락을 중요하게 사용했음을 알 수 있다. 비파는 주

102) 송혜진, 『한국악기』, 열화당, 2001, 282~287쪽.
103) 장사훈, 앞의 책, 668쪽.

지하다시피 5세기경 실크로드를 따라 동아시아 지역으로 전파된 악기로 중국의 둔황 벽화, 우리나라의 불교 조각품, 일본의 정창원 소장 등에서 볼 수 있는 바, 당시 한중일 모두 비파가 성행을 했음을 짐작케 한다.[104] 이후 남북국시대를 거쳐 고려시대에도 전승되어 비파는 애호 악기로 자리 잡아 무고정재의 중심에 놓였던 것이다.

이처럼 무고정재에 사용된 무구와 악기가 외래기(外來器)이라는 점은 무고정재가 비록 속악정재라 할지라도 이국적 요소가 다분히 스며있다는 증거가 아닐까 생각한다.

무고정재(정읍), 신축진연도병

104) 송혜진, 앞의 책, 94쪽.

무고정재(정읍)

② **동동 정재**

동동.

무대(舞隊)·악관 및 기, 그리고 의관과 행차는 앞의 의례와 같다. 기 둘이 먼저 나가 북쪽을 향해 좌우로 갈라서 손을 여미어 족도(足蹈)하고는 큰 절을 하고 부복한다. 일어나 아박(牙拍)을 받들어들고 동동사(動動詞)의 첫 귀를 창한다. (혹 아박을 잡지 않기도 한다.) 여러 기들은 그것에 따라 화창하고, 향악은 그 곡을 연주한다. 두 기는 꿇어앉아서 아박을 띠 사이에 꽂고 음악 한 가락이 끝나기를 기다려 일어나서고, 음악 두 가락이 끝나면 손을 여미어 무도(舞蹈)하고, 음악 세 가락이 끝나면 아박을 뽑아가지고 한 번 앞으로 나갔다 한 번 뒤로 물러난다. 한 번 마주보고 한 번 등지고 하여 음악의 절차에 따라서 왼쪽으로 혹은 오른쪽으로, 혹은 무릎에 혹은 팔에 아박을 치며 무도한다. 음악이 끝나기를 기다려 두 기(妓)는 앞서와 같이 손을 여미어 족도하고는 큰절을 하고 부복했다가 일어나서 물러난다.

동동이라는 놀이는, 그 가사에 송축하는 말이 많이 들어 있는데, 대체로 신선(神仙)의 말을 본 따서 지은 것이다. 그러나 가사가 이속(俚俗)해서 기재하지 않는다.105)

〈동동(動動)〉
德으란 곰빅에 받줍고
福으란 림빅예 받줍고
德이여 福이라호늘
나ᄋᆞ라 오소이다
아으 動動다리

正月ㅅ 나릿 므른
아으 어져 녹져 ᄒᆞ논ᄃᆡ
누릿 가온ᄃᆡ 나곤
몸하 ᄒᆞ올로 녈셔
아으 動動다리

(중략)

十二月ㅅ 분디남ᄀᆞ로 갓곤
아으 나술盤잇 져다호라

---

105) 『고려사』 권71 악지, "動動 舞隊樂官及妓衣冠行次如前儀 妓二人先出向北分左右立斂手足蹈而拜 俛伏興跪 奉牙拍唱動動詞起句[或無執拍] 諸妓從而和之 鄕樂奏其曲 兩妓跪揷牙拍於帶間俟樂終一腔起而立 樂終二腔斂手舞蹈. 樂終三腔 抽拍一進一退 一面一背從樂節次或左或右或膝或臂 相拍舞蹈 俟樂徹兩妓如前斂手足蹈而拜俛伏興退 動動之戲 其歌詞多有頌禱之詞 盖效仙語而爲之 然詞俚不載"

니믜 알ᄑᆡ 드러 얼이노니
소니 가재다 므ᄅᆞᅀᆞᆸ노이다
아으 動動다리.[106]

동동정재에 대한 기록과 창사인 〈동동〉이다. 동동정재(아박정재)는 고려 속악정재 가운데 도입 부분과 무구(舞具)에서 이국적 요소를 가진 춤이라 할 수 있으며, 창사인 〈동동〉 역시 기원의 측면에서 외래적 인자를 내포한 노래라고 할 수 있다.

〈동동〉은 송축적 내용의 서사(기구)와 상사(相思)의 12월사로 되어 있는데 서사는 당악정재에서 보이는 치어(致語)적 발상에 따른 것으로 보인다. 이 서사에 대해 임기중은 정재무(呈才舞)의 격식에 맞추기 위한 것이라기보다는 - 임금에게 송축 송도적 의도가 있었다기 보다는 - 이 노래가 원래 군가(장생포)로써 (재)창작했을 당시 개작을 담당했던 군사들이 그들의 지휘관인 유탁(1311~1371)을 송도한 것이라 하였

박(拍)

106) 『악학궤범』, 권5 시용향악정재도의.

다.[107] 다시 말해 〈동동〉의 서사를 정재악의 서사가 아니라 군가의 서사로 본 것이다. 하지만 〈동동〉이 궁중악으로 전용될 때 이미 서사를 갖춘 정재악가(呈才樂歌)와 비슷한 노래였기 때문에 정재악곡으로 채택되었다고 볼 수 있어, 군가의 서사와 궁중악의 서사는 배타적이라기보다는 확장적 전이로 이해할 수 있겠다.

또한 무구의 측면에서 보면 아박은 박의 일종으로 중국에서 전래된 악기이다. 박이 관현합주, 연향악, 제례악에서 시작과 악구의 종지, 정재에서 장단과 춤사위의 전환을 알려주는 악기인데[108] 반해 아박은 특정 정재의 무구로만 사용되는 점이 특징이라 하겠다. 재료에서도 박은 뽕나무, 박달나무로 만드는데 비해 아박은 상아로 제작한다는 점이 특

아박정재(동동), 무신진찬도병

107) 임기중, 「고려가요 동동고」, 『고려가요연구』, 국어국문학회 편, 백문사, 1979, 412~414쪽.
108) 송혜진, 앞의 책, 266쪽.

이하다. 이처럼 무구인 아박이 코끼리 어금니로 만들어졌다는 사실로 볼 때, 무구(악기)의 소종래(所從來)와 이 무구를 사용하는 춤이 중국을 넘어 서역까지 거슬러 올라갈 수 있지 않을까 생각한다.

즉, 〈동동〉의 기원과 발생에 대해서 임기중은 〈동동〉은 〈둔황곡〉 '십이월상사(十二月相思)'에서 유래한 것으로 고려에서는 유탁 진영에서 군가인 〈장생포〉로 변용되었으며, 노래의 유입 경로에 유청신과 유탁이 원나라에 자주 출입했던 사실을 놓고 있다.[109] 이처럼 〈동동〉은 중국에서 발생한 사랑노래가 고려시대에 군가로, 다시 정재악으로 개변된 것이라 할 수 있다.[110]

따라서 동동정재는 당악정재와 유사한 정재 순서와 형식을 지녔고 무구인 아박이 외래적이며, 〈동동〉의 기원이 중국문학인 십이월상사에 있다는 점 등으로 볼 때, 외래적 요소가 다수 포함된 정재라 할 수 있다.

③ 무애 정재

> 무애라는 놀이는 서역에서 나왔다. 그 가사는 불가(佛家)의 말이 많이 쓰여 있고 또 방언이 섞여 있어 그것을 짜 넣기가 어렵다. 다만 그 절주(節奏)만을 남겨두어 당시 사용하던 음악의 하나로 갖추어둔다.[111]

위 글은 무애에 대한 기록이다. 창사인 〈무애사(無㝵詞)〉가 현전하지 않아 그 실체를 알 수 없으나 위 기록에 의하면 불가어(佛家語)를 사용하였고, 그 연원이 서역인 점으로 보아 찬불적 성격임을 알 수 있

109) 임기중, 앞의 책, 386~390쪽.
110) 군악이 연향악으로 바뀐 예는 〈대면〉(향악잡영)에서 볼 수 있다.
111) 『고려사』 권71 악지, "無㝵之戲 出自西域 其歌詞多用佛家語 且雜以方言 難於編錄 姑存節奏 以備當時所用之樂"

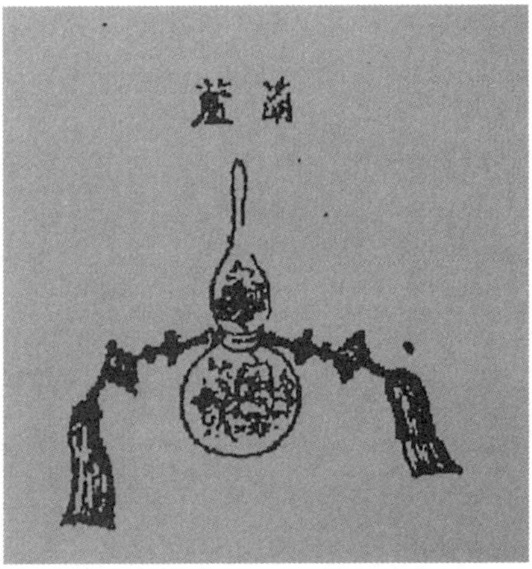

무애정재 무구(舞具) 호로

겠다. 또 무애에 대해 이인로(1152~1220)는 "무애는 원효(617~686)가 호로(葫蘆)를 가지고 시중(市中)에서 춤을 춘 이후로 사람들이 조롱박에 장식을 하여 경론게송(經論偈頌)을 노래하는 전통 음악(놀이)가 되었다."고[112] 하였다.

그렇다면 위 기록에 의거할 때, 고려 궁중의 정재 무애는 그 기원을 서역으로 하며, 불교의 전파와 함께 중국을 거쳐 신라에 수입되어 원효에 의해 대중 포교용 노래로 변용되었으며, 이후 고려 궁중에서 잔치용 음악으로 사용되다가 조선조에 이르러 그 가사는 탈락되고 절주는 전승되었다고 할 수 있다.[113] 따라서 무애정재가 신라부터 조선후기까지 지속적인 생명력을 가지고 전승되었다는 점은 서역의 노래가 시간이 흐른 만큼 우리의 음악과 삶에 녹아들었다는 방증이 아닐까 한다.

---

112) 『파한집』 권3.

113) 무애정재는 조선 순조와 고종 때 가사를 새롭게 하여 재연된 바 있다. 『순조기축진찬의궤』, 『궁중정재무도홀기』.

무애정재, 고종신축진연도병

이처럼 고려는 동아시아 중세의 보편적 질서에 편입하려는 의도와 궁중 음악의 풍부한 자산 확보, 그리고 고려의 상하층의 애호 등으로 인해 외래 음악을 적극 수용하였다. 그 결과 고려는 전대에 비해 화려한 음악 문화를 꽃피우게 되었다.

이런 상황에서 고려의 속악은 크고 작은 변화를 맞이하였다. 신라의 속악을 이어받은 고려가 중세 질서에 편승하기 위해 아악과 당악을 적극 수입했다는 것은 새로운 음악에 비중을 두었던 것으로 이해될 수 있으며, 더욱이 아악과 당악이 제례용 음악으로 사용했다는 점으로 볼 때 속악보다 상위에 위치했다는 것을 의미한다. 이에 비해 속악은 그 사용 범위가 위축되면서 그 자리가 점점 내려 하강했던 것이다. 『고려사』 식화지를 보면 당악공(唐樂工)들이 속악공(俗樂工)들 보다 녹봉면에 좋은 대우를 받았던 것에서도 이를 확인할 수 있다.[114]

114) 『고려사』 권80 식화지 3 녹봉.

요컨대 외래음악이 고려의 음악의 주류를 이룬 분위기 안에서 속악 역시 외래 음악에 일정 정도 경도될 가능성이 적지 않다 하겠다. 고구려 시대부터 꾸준히 수입된 외래 악기들과 고려 광종 이후 대거 수입된 당악기들은 고려의 속악의 연주 환경 또한 변화를 촉진하게 하는 결과를 낳았으며 결국 거의 모든 속악곡에도 타악, 관악, 현악기 등 외래 악기를 연주하게 되었다. 이는 외래 악기가 속악에 쓰임으로 인해 장단 등에서 이국적 요소가 자연스럽게 녹아들었음을 뜻하기도 한다.

따라서 고려의 속악은 궁중 내에서의 위치가 외래 음악에 의해 주변부로 밀려 났으며, 악조 또한 외래 음악과 닮아가려는 모습을 보였다고 할 수 있다. 결국 고려음악은 중국을 포함한 서역의 음악과 자연스럽게 융합되어 갔다고 할 수 있다. 그리고 그것은 한반도와 이들 지역간에 행해진 교류의 결과였다.

참고문헌

기시베시게오, 송방송 역, 『고대실크로드 음악』, 삼호출판사, 1992.

김매자, 『한국무용사(보완판)』, 삼신각, 2002.

김명준 편저, 『고려속요집성』, 다운샘, 2002.

김명준, 「쌍화점 형성에 관여한 외래적 요소」, 『동서비교문학저널』 14호, 한국동서비교문학회, 2006.

김명준, 『악장가사 연구』, 다운샘, 2004.

김철웅, 「고려와 大食의 교역과 교류」, 『문학사학』 25, 2006.

김학주, 「儺禮와 雜戲」, 『아세아연구』 12, 1963.

김학주, 「향약잡영과 唐戲의 比較考釋」, 『아세아연구』 14, 1964.

김혜정 · 이명진, 『한국무용사의 이해』, 형설출판사, 2003.

박경주, 「전승방식과 음악성을 통해 본 고려시대 시가장르의 흐름」, 『한국시가연구』 13집, 한국시가학회, 2003.

박노준, 『고려가요의 연구』, 새문사, 1990.

박은옥, 『고려사 樂志의 唐樂硏究』, 민속원, 2006.

서한범, 『개정판 국악통론』, 태림출판사, 2000.

성경린, 『한국전통무용』, 일지사, 1979.

성기숙, 『한국 전통춤 연구』, 현대미학사, 1999.

송방송, 『한국음악통사』, 일조각, 1984.

송수남, 『한국무용사』, 금광, 1988.

송혜진, 『한국악기』, 열화당, 2001.
李惠求, 「高麗의 動動과 敦煌曲 十二月相思」, 『韓國音樂序說』, 서울대 출판부, 1975.
임기중, 「고려가요 동동고」, 국어국문학회 편, 『고려가요연구』, 백문사, 1979.
林基中, 「高麗歌謠 動動攷」, 『无涯梁柱東박사고희기념논문집』, 1973.
임기중, 『한국고전문학과 세계인식』, 역락, 2003.
장사훈, 『국악대사전』, 세광음악출판사, 1984.
장사훈, 『한국전통무용연구』, 일지사, 1977.
전인평, 「열국시대와 남북국시대의 외래음악」, 『국악원논문집』 11집, 국립국악원, 1999.
정병호, 『한국의 전통춤』, 집문당, 1999.
정수일, 『신라서역교류사』, 단국대학교출판부, 1992.
정수일, 『실크로드 문명기행』, 한겨레출판, 2006.
정은혜 편저, 『정재연구 1』, 대광문화사, 1999.
차주환, 『高麗唐樂의 연구』, 동화출판공사, 1983.
차주환, 『당악연구』, 범학도서, 1976.
한홍섭, 『악기로 본 삼국시대 음악 문화』, 책세상, 2000.
허혜정, 「처용가를 통해 본 달의 에로티즘 연구」, 『동서비교문학저널』 10호, 한국동서비교문학회, 2004.
허혜정, 「천일야화, 비단길 그리고 처용의 문화」, 『동서비교문학저널』 14호, 한국동서비교문학회, 2006.

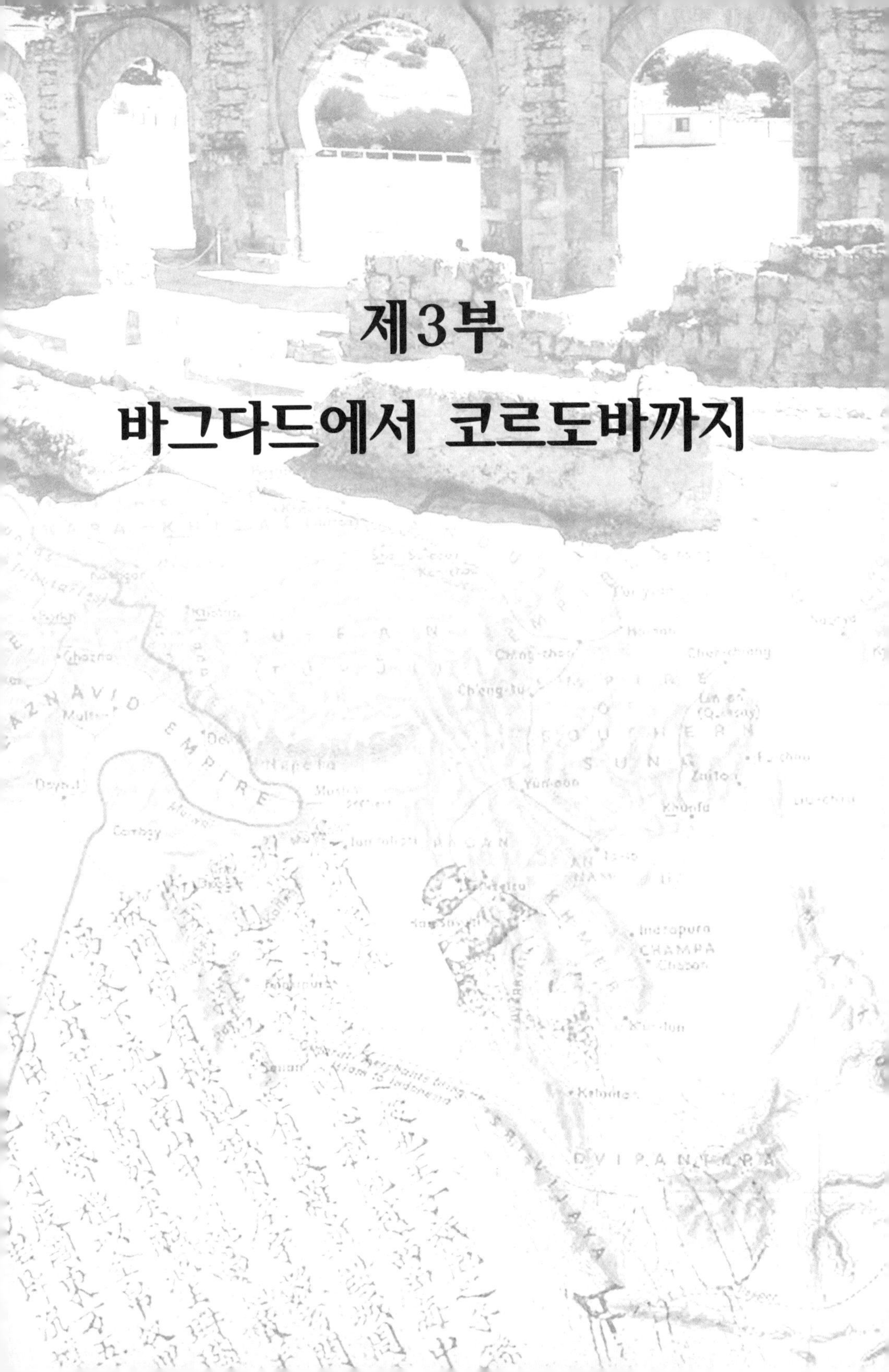

제3부

바그다드에서 코르도바까지

1 이슬람세계의 형성과 페르시아문화

1. 이슬람세계의 형성

610년 천사장 가브리엘로부터 알라의 계시를 받았을 때 이슬람의 창시자 무함마드는 사우디아라비아 메카의 상인이었다. 예언자로서 가족들과 친구들에게 이슬람을 전파하는 무함마드는 메카 지배층이 볼 때 위협적이기 보다 조롱과 멸시의 대상일 뿐이었다. 그러나 시간이 흐를수록 이슬람 신도(무슬림)들이 늘어가면서 메카 지배층들은 위협을 느끼기 시작했고 곧이어 심각한 박해가 시작되었다. 이에 무함마드는 기독교 국가였던 에티오피아로 무슬림들을 피난시키는 등 안전한 피난처를 모색하기 시작했다. 그때 주변 유대부족과의 갈등을 해결할 중재자를 찾던 메디나 대표단이 그 중재자로 무함마드를 선택하고 그에게 충성을 맹세하는 '아카바맹약'을 체결하면서 추종자들과 함께 메디나로 대규모 이주를 하게 되었다. 이때가 바로 이슬람력(히즈라력)의 기원이 되는 622년이었다.

메디나에 정착한 무함마드는 메카에서 이주한 메카 주민과 이슬람으

610년 무함마드가 사우디아라비아 메카 근처의 히라 동굴에서 천사 가브리엘로부터 계시를 받는 모습

로 개종한 메디나 주민을 통합해 이슬람 공동체인 '움마'를 설립하였다. 이후 여러 차례에 걸친 메카와의 전쟁을 성공적으로 치르면서 630년 메카에 무혈입성하기에 이르렀다. 메카에 입성한 그는 모든 우상들을 파괴하였으며, 일찍이 전 무슬림들의 예배 방향으로 정했던 카아바 신전을 이슬람의 최고 신전으로 선포했다. 뒤이어 무함마드는 활발한 군사원정을 통해 아라비아반도를 거의 통일하였다.

632년 예언자 무함마드가 사망한 뒤 이슬람 공동체를 이끌었던 아부바크르, 우마르, 우스만, 알리의 4대 정통칼리파(632~661)들은 아라비아반도를 통일하고 반도 너머로 진군했다. 그들은 637년 시리아, 이라크, 예루살렘을 정복했고, 642년에는 이집트를, 670년에는 중앙아시아와 북아프리카 서부를 점령했다. 그 후 50년이 채 되지 않아 이베리아반도, 페르시아, 인도를 정복하고 피레네산맥을 넘었다. 이처럼 이슬람 군대는 100년도 채 되지 않은 기간 동안 대부분의 중동지역, 북아프리카, 이베리아반도뿐만 아니라 인도의 일부를 점령했다. 대서양과 인도양 사이에 거대한 이슬람세계를 건설한 것이다.

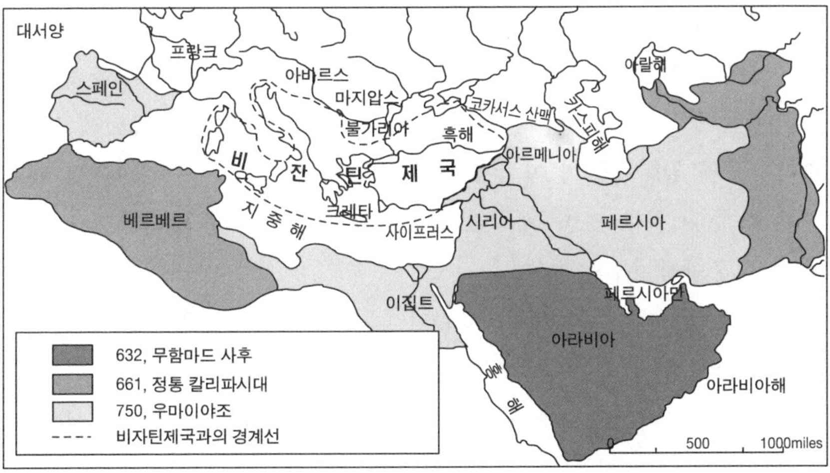

이슬람세계의 확장. 예언자 무함마드시대에 아라비아반도를 거의 통일하고, 정통칼리파시대에는 페르시아와 시리아, 이집트를 정복하였다. 이후 우마이야조 때 동으로는 인도까지, 서로는 북아프리카와 안달루스를 아우르는 대제국을 건설하였다.

이처럼 아라비아반도에서 태동하여 방대한 지역을 점령한 이슬람제국은 그리스, 로마, 페르시아, 인도 등 수많은 민족들의 과학, 종교, 언어, 사상, 문학 등을 수용하였으며, 더 나아가 이문화의 수용에 그치지 않고 다양한 문화들의 장점들을 창조적으로 융합하여 독특한 아랍문화를 창조하였다. 이러한 수많은 문화들 중에서 무엇보다 아랍세계의 기틀이 된 것은 단연 페르시아문화 유산이라 할 수 있다.

페르시아는 아랍이 아라비아반도에서 부족 단위로 살아갈 때 이미 기원전부터 대제국을 건설하였으며 그리스와의 활발한 교류를 통해 찬란한 문화를 꽃피웠다. 7세기 중반 이슬람에 흡수된 이후에는 아랍문화, 그리스문화와 더불어 이슬람문화를 창조하는 데 일익을 담당하였으며, 지리적 이점을 활용하여 자신들과 동서 세계의 문화를 사방으로 전파하였다.

그러나 고도로 발전된 과학 기술과 독창적인 사상에도 불구하고 당시 이슬람세계의 언어이며 국제어였던 아랍어로 소통하고 저술 활동을 하면서 통상 아랍인으로 인식되었다. 이후 서구 사회에서는 페르시아 과학자들과 철학자들이 아랍 또는 이슬람의 이름으로 분류되면서 페르시아 과학과 철학 또한 제대로 소개되지 못하였으며 상대적으로 소홀하게 취급되어 왔다.

따라서 여기에서는 그동안 아랍과 이슬람이라는 이름에 묻혀 제대로 평가받지 못했던 페르시아와 페르시아인들의 업적과 공헌을 자세히 탐색할 것이다. 이러한 작업은 페르시아문화의 정체성 확립에 기여할 뿐만 아니라 아랍문화의 정체성을 탐색하는 길이 될 것이다.

2. 이슬람세계와 페르시아문화

이슬람으로 무장한 아랍인들은 사도 무함마드 시절 아라비아반도를 거의 통일하고 정통칼리파 시대에 이르러 아라비아반도 전역과 북아프리카 그리고 이미 제국을 건설했던 페르시아 사산조(226~642)를 멸망시키면서 광대한 이슬람제국을 건설하였다. 그러나 유목 생활과 부족 중심의 아랍인들은 방대한 영토를 유지할 수 있는 제도와 지식을 갖추지 못하였다. 따라서 아랍인들은 찬란하고 독창적인 문화를 구축했던 페르시아 사산조의 재상, 행정 제도를 비롯한 다양한 분야의 경험들과 지식들을 적극적으로 수용하였다. 이렇게 페르시아의 선진 문화는 이슬람세계의 기틀이 되었으며, 고대부터 축적된 그들의 과학 지식은 이람문화를 주도하였다.

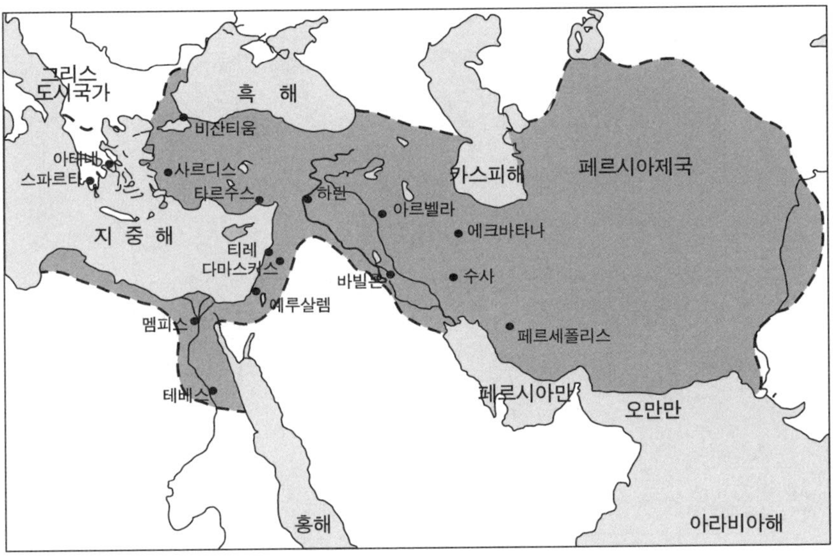

페르시아 아케메네스조(BC 550~330) 시대의 영토

역사적으로, 그리스의 알렉산더(BC 356~323)가 페르시아를 침략하기 전까지 페르시아 아케메네스조(BC 550~330)는 그리스의 도시국가들과 12차례에 걸쳐 전쟁을 치르는 과정 속에서 상호 영향을 주고받을 수밖에 없었다.

한 예로 서양 철학에서 관념론의 시조로 알려진 플라톤(BC 424~348)은 이슬람 신비주의인 수피즘의 기원이 되는 페르시아의 신비주의인 에러펀[mysticism]에 깊은 감명을 받았다. 플라톤의 관념론을 토대로 관념론적 교의를 체계화하여 신플라톤주의 학파를 창시한 플로티누스(205~270) 또한 페르시아 철학을 공부하기 위해 페르시아에 파견되기를 희망하면서 로마군에 합류했다고 한다. 또한 피타고라스(BC 6C 중반~497)는 젊어서 여러 곳을 여행했는데, 특히 철학을 공부하기 위해 페르시아를 여행했다고 한다.

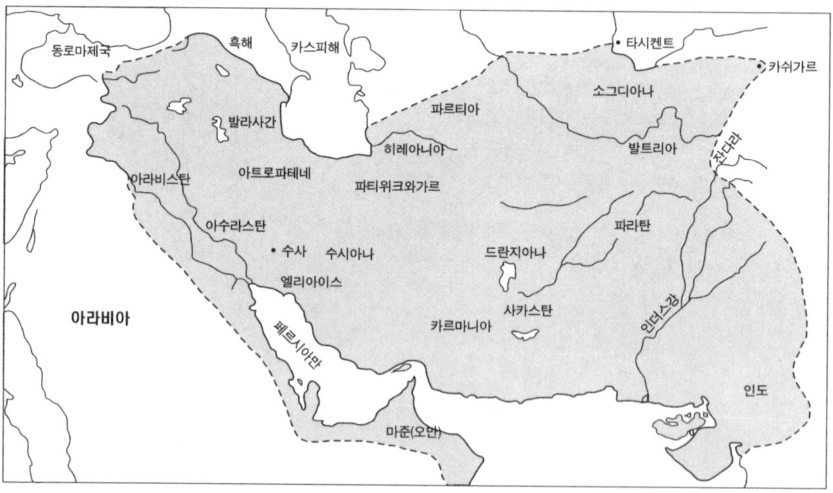

페르시아 사산조 시대의 영토

한편 페르시아는 과학과 철학 분야에서는 그리스의 영향을 받았다. 특히 사산조는 과학 연구에 집중적인 지원을 아끼지 않았으며 이 시기에 페르시아의 과학은 상당할 정도로 발달하였다. 당시 서아시아 최고의 병원과 대학이 있었던 쿠제스탄 지방의 준디샤푸르에서는 특히 인도의 의학적 전통과 융합되어 의학 분야가 발전하였으며, 이슬람 시대에도 지속적인 발전을 이룰 수 있는 기반을 마련하였다. 그곳에서는 의학을 비롯해 일부 기초과학의 강의 또한 이루어졌으며, 이슬람 시대에도 그리스 철학과 과학을 전파하는 중심지가 되었다.[1)]

역사상 가장 훌륭한 의학자로 추앙받는 의사는 서양에서 '라제스'로 알려진 페르시아인 알라지(865~925)로서 그는 이슬람 의학을 상당한 수준으로 발전시켰다. 또한 '아비세나'로 알려진 이븐 시나(980~1037)는 서구에서 '의사들의 왕자'로 불렸다. 두 거장의 저작물들은 18~19세기까지 유럽 대학들에서 그 주제에 관한 마지막 이야기로 간주될 정도였다. 이븐 시나 이후 많은 페르시아인 의사들은 그의 걸작품인 『의학의 정전』에서 영감을 얻어 아랍어와 페르시아어로 의학서를 저술하는 데 심혈을 기울였다. 이슬람 의학이 이슬람 의학자들의 노력으로 급성장할 수 있었다면, 페르시아는 이의 형성과 발전에 대단히 중요한 역할을 했던 것이다.[2)]

한편 이슬람 철학은 페르시아인에 의해 본격적으로 발전하기 시작했다. 9세기 무슬림 철학자들의 지적인 탐구에 크게 고무되어 그리스의 철학 텍스트들이 아랍어로 번역되었는데, 이를 번역하고 주석을 단 대부분의 학자들이 페르시아인이었다. 히포크라테스(BC 460~377)와 프톨레마이오스(90~168), 갈레노스(129~199)에 이르는 그리스 학자들의 저서는 알라지, 이븐 시나, 알크와리즈미(790~840)를 비롯한 페르시아인 학자들에 의해 번역되고 개정되었다. 이들에 의해 가장 먼저 아리스토텔레스학파의 철학이 소개되었으며, 아리스토텔레스(BC 384~322)와 신플라톤주의자의 철학에서 빌려온 요소를 이슬람의 가르침과 결합하고자 했다. 무슬림-아리스트텔레스학파의 가장 위대한 학자는 아랍인인 알킨디(?~873)였으나 이후 알파라비(870~950)나 이븐 시나와 같은

1) 신규섭, 『페르시아문화』, 서울, 살림, 2004, 7~9쪽.
2) 신규섭, 위의 책, 9~10쪽.

위대한 페르시아 사상가가 대를 이었다.3)

페르시아는 위대한 수학자와 천문학자들의 고향이기도 했다. 수학과 천문학 분야에서도 이슬람 이전의 페르시아인들은 달력 제작에 많은 관심을 가졌으며, 사산조 시대에는 극히 복잡한 천문학 도표를 그리는 데이터를 작성하기도 했다. 그 당시 근동에서 뿐만 아니라 페르시아와 파키스탄, 인도 등지에서는 천문학과 점성학에 관한 의견 교환이 활발하게 이루어졌다.

마라게에 건설되었던 천문대와 과학자들의 연구 모습을 그린 세밀화

또한 페르시아인은 인도에서 아라비아숫자란 이름이 부여된 수 개념과 십진법을 들여왔다. '대수학(algebra)의 아버지'로 불리는 알크와리즈미는 그의 이름에서 따온 알고리즘(algorithm, algorism)이란 용어를 만들었으며, 계산법 체계 연구에도 크게 기여했다. 중세 대수학에 관한 가장 위대한 논문은 유명한 시인이기도 한 오마르 알카이얌(1048~1131)에 의해 저술되었다. 평면도형과 구형 삼각법(사인, 코사인, 탄젠트, 코탄젠트) 분야에서 이들이 성취한 진보는 수많은 페르시아 과학자들에 의

3) 신규섭, 위의 책, 10~11쪽.

해 더욱 발전되었다.

천문학 분야에서는 당대 가장 위대한 과학자 알비루니(973~1048)와 철학자이자 신학자이며 천문학자였던 나시룻딘 투시(1201~1274)가 천문학의 발전에 크게 공헌했다. 투시는 재상으로서의 지위를 활용하여 페르시아에서 과학의 부활에 거대한 추진력을 제공했다. 그의 감독 아래 마러게(Maragheh)에 놀랄 만한 천문대가 건설되었으며, 수많은 과학적 발견이 이루어졌다. 투시 자신도 프톨레마이오스(100~178)에 의해 사용된 것과는 다른 새로운 천체 관측의를 완성했으며, 삼각법을 만들기도 했다.[4)]

의학의 창시자 가운데 한 사람으로 알려진 중앙아시아 코라산 출신의 페르시아인인 자비르 이븐 하이얀(723~815)과 그의 후계자들은 현대 화학의 근원이 된 연금술 발달에 지대한 공헌을 했다. 오늘날 화학 실험실에서 사용되고 있는 대부분의 장비들은 이 시대로 거슬러 올라간다. 아랍어 어원을 둔 알코올(alcohol)도 페르시아인 의학자 알라지에 의해 발견되었으며, 이외에도 페르시아인 연금술사들은 수많은 화학물질을 분리해 냈다.[5)]

한편 페르시아 시문학의 전통은 기원전으로 거슬러 올라가며 사산조에 이르러 매우 활발해졌으나 그리스와 아랍의 정복으로 대부분 소실되었다. 아랍에 정복된 이후에는 이슬람 세계의 문화 주체로 등장하는 압바스조가 되기까지 오랜 침체를 겪었다. 그러나 아랍문화의 주체가 되면서 페르시아 시인들은 이슬람 이전 시대부터 주도적인 문학 매개체로 자리잡아왔던 전통 아랍시 까시다의 내용적·형식적 규범을 탈피하기 위한 시적 실험들을 활발하게 시도하였다. 그 결과 압바스조의 대

4) 신규섭, 앞의 책, 11~12쪽.
5) 신규섭, 앞의 책, 12쪽.

فلسفة المعرّي

غَيرُ مُجدٍ في مِلَّتي واعتقادي　　نَوْحُ باكٍ أوْ تَرَنُّمُ شادِ

وَشَبيهٌ صَوْتُ النَّعيِّ إذا قيسَ　　بِصَوْتِ الْبَشيرِ في كُلِّ نادِ

صاحِ هذي قُبورُنا تَملأُ الرَّحبَ　　فَأينَ القُبورُ من عهدِ عادِ

رُبَّ لَحدٍ قد صارَ لَحْداً مِراراً　　ضاحِكٌ من تَزاحُمِ الأضدادِ

وَدَفينٌ على بَقايا دَفينٍ　　في طَويلِ الأزمانِ والآبادِ

خَفِّفِ الوَطءَ، ما أظُنُّ أديمَ　　الأرضِ إلا من هذه الأجسادِ

تَعَبٌ كُلُّها الْحَياةُ فَما أعْجَبُ　　إلا مِن راغِبٍ في ازدِيادِ

아랍시의 전형인 까시다 일부분. 까시다는 엄격한 정형시로서 한 행은 두 개의 반행으로 나뉘고, 처음부터 끝까지 하나의 리듬과 각운을 갖는다.

시인으로 인정받고 있는 아부 누와스(762~813)와 같은 페르시아 출신 시인들이 실험했던 유절시, 후렴구, 서정적 주제가 안달루스로 전파되어 안달루스 무왓샤하트와 자잘의 형성과 발전에 힘을 더했으며, 12세기에는 무왓샤하트와 자잘이 다시 아랍세계 곳곳으로 전파되어 현재까지 다양한 모습으로 자리 잡았다.

압바스조 말기에는 중앙 정부의 통치력이 약화되면서 중앙아시아에 페르시아 독립 왕조들이 끊임없이 등장하였으며, 시문학 활동을 적극적으로 후원함으로써 마스나위, 루바이야트와 같은 시 형식들이 지속적으로 실험되었다. 이러한 활발한 문학 활동은 13세기 징기스칸의 후예들에 의해 건설된 일한국과 티무르제국 시기까지도 지속되었다.

특히 9세기 말경 스페인 안달루스에서 발생된 무왓샤하트의 특징 중 하나인 절(연)의 사용은 엄격한 정형시를 추구하던 아랍 시문학 전통과는 전혀 다른 것이었다. 페르시아 시인들에 의해 실험된 유절시가 안달루스 무왓샤하트 형성에 영향을 주고, 유절시는 다시 아랍세계에 영향

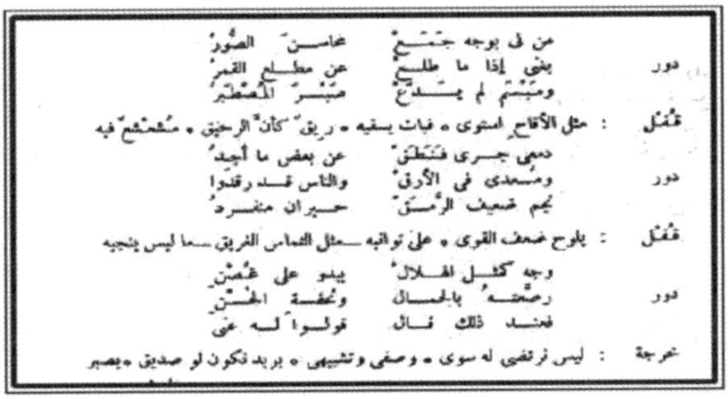
من لي بوجه جمّع   محاسن الصور
دور   يخفى إذا ما طلع   عن مطلع القمر
ومبتسم لم يدّع   مبشر المعطر
قفل : مثل الأقاح استوى • فبات يسقيه • ريق كأن الرحيق • مشعشع فيه
دمعي جرى فنطق   عن بعض ما أجد
دور   ومسعدي في الأرق   والناس قد رقدوا
نجم ضعيف الرمق   حيران منفرد
قفل : يلوح ضعف القوى • على تواليه ـ مثل الشماس الغريق ـ ما ليس ينجيه
وجه كمثل الهلال   يبدو على غصن
دور   رصّعته بالجمال   وتحفة الحسن
فعند ذلك قال   قولوا له عني
خرجة : ليس ترتضي له سوى • وصفي وتشبيهي • بريد تكون لو صديق • يصبر

안달루스 무왓샤하트 일부분. 무왓샤하트는 시행이 마치 길이가 다른 장식을 매단 여인의 벨트처럼 생긴데서 붙여진 이름이며, 까시다의 변이형으로 여겨진다.

을 주었으며, 근대화와 더불어 서구문학에 대한 저항의 일환으로 무왓샤하트와 자잘이 부활되면서 현대 아랍 자유시를 향한 초석이 되었다.

요컨대 기원전부터 페르시아는 실크로드의 길목에 위치한 지리적 이점을 활용하여 서로는 아랍, 동으로는 동아시아 간의 문화 교류에 주도적인 역할을 수행하였다. 특히 페르시아 사산조의 재상, 행정제도는 이슬람제국 경영의 근간이 되었으며, 페르시아의 우수한 과학 문화들은 후일 그리스문화, 인도문화와 더불어 찬란한 아랍문화 창조의 초석이 되었다. 의학, 철학, 수학, 천문학, 연금술 등 거의 모든 이슬람과학 영역에서 페르시아 출신 과학자들의 업적과 공헌의 흔적들이 나타나고 있다.

우선 그리스와 인도의 의학적 전통과 융합된 이슬람 의학은 페르시아 쿠제스탄 지방의 준디샤푸르에서 크게 발전했으며 '라제스'로 알려진 알라지와 '아비세나'로 알려진 이븐 시나에 의해 상당한 수준까지 발전되었다. 철학 분야에서도 그리스의 유명한 철학자들인 히포크라테스, 프톨레마이오스, 갈레노스의 저서들이 알라지, 이븐 시나, 알크와리즈미와 같은 페르시아 철학자들에 의해 아랍어로 번역·소개되었으며 알파라비에 의해 더욱더 발전되었다. 수학 분야에서도 인도로부터 십진법을 들여오고, 알크와리즈미와 우마르 카이얌에 의해 대수학이 발전되는 등 페르시아인들의 업적은 놀라운 것이었다. 또한 나시룻딘 투시에 의해 거대한 천문대가 설치되었고 이전과는 다른 천체 관측의가 발명되기도 했다. 알코올과 같은 화학 물질을 분리해거나 수많은 화학 도구들을 개발한 이들 또한 페르시아 출신의 연금술사들의 공이라 할 수 있다.

이상에서 보았듯이 페르시아인들의 숨결은 과학에서부터 문학에 이르기까지 아랍문화 속 곳곳에서 찾아볼 수 있다. 오랜 기간 동안의 지배를 통해 행해진 문화적 억압에도 불구하고 페르시아인들은 자신들의 문화적 재능을 한껏 펼쳐왔다.

2 이슬람의 확장과 중세 안달루스 문화

1. 이슬람의 안달루스 정복

정통 칼리파 시대에 비롯된 이슬람의 주변 세계 정복은 우마이야조에게 계승되었다. 711년, 아프리카 북부 지역 마그립의 총독 무사 이븐 누사이르는 자신의 부하이자 베르베르인이었던 타리크 이븐 지야드(?~720) 장군의 인솔 하에 7천 명의 군사를 파견하여 지브로울터 해협을 건너게 했다.[6] 당시 이베리아반도는 톨레도를 수도로 서고트 왕국이 통치하고 있었지만 극심한 내부 분열 양상을 보이고 있었다. 이슬람 군대는 대규모로 진행된 과달레테 전투에서 서고트의 로드리고왕의 군대를 격파하고 톨레도, 코르도바 등의 도시를 점령해가며 반도의 절반가량을 빠른 속도로 정복하기에 이르렀다. 이후 이베리아반도는 칼리파

6) 한편, 탕헤르의 지방장관이었던 타리크가 인솔한 군대의 숫자는 12,000명을 넘지 않았고, 최초의 침공 목적에 대해서는 단순히 전쟁의 승리, 또는 이슬람 영향권의 확장 정도로 추론할 수 있다. Stanley G. Payne, *A History of Spain and Portugal*, Vol. 1, The University of Wisconsin Press, 1973, p.15.

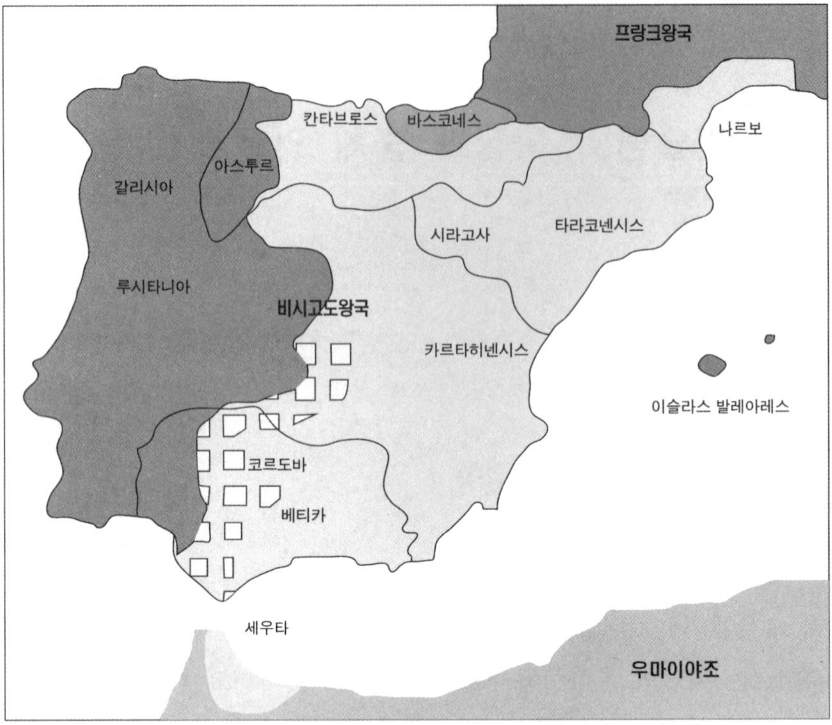

711년의 이베리아반도 상황. 서고트왕국을 중심으로 왼편의 포르투갈(루시타니아) 지방과 북부 일부의 바스크 등 3지역으로 나누어져 있었다.

영토의 일부가 되고 안달루스로 불리게 되며, 7~8세기에 걸쳐 기독교도와 무슬림이 상호 공존하는 무대가 되었다.

716~756년은 다마스쿠스의 칼리파에 의해 임명된 아랍 지배자들이 통치하던 총독의 시기로서 정치권력의 정상부는 시리아, 예멘 출신이 차지하였다. 무슬림의 확장은 피레네 산맥을 넘어 732년 프랑스의 프와티에르에서 프랑크 왕국에 의해 완파될 때까지 계속되었다. 이 시기 동안 집권자가 23회나 교체되는 등 아랍 내부의 분쟁과 행정상의 혼동으로 전체적으로 약화되었으며, 그 결과 칸타브리아 지방에 기독교인들

의 저항세력이 나타나기도 했지만 이베리아반도는 북부 산간 일부 지역을 제외하고는 이슬람세력 하에 공고해지는 결과를 초래하였다. 이 시기의 전반부는 정복사업, 후반부는 종족간의 싸움으로 정치적인 혼란과 불안정이 야기되었다. 곧 안달루스에서는 무슬림과 토착 원주민 및 유럽인 간의 종교전쟁, 아랍인과 베르베르인 간의 인종 분규, 아랍인 간의 부족싸움이 치열하게 전개되었던 것이다. 최초로 임명된 총독 압둘 아지즈는 세비야를 수도로 정했고, 그 후 사마흐에 의해 코르도바로 이전되었다.

한편 718년, 북부 아스투리아스의 코바동가 부근에서 기독교 군대는 히혼의 무어인 통치자가 파견한 대규모의 이슬람 연합군에 맞서 치열한 전투를 벌인 끝에 커다란 승리를 거두었다. 무슬림 군대에 대한 최초의 승리 이후 기독교도의 국토회복운동(국토재정복운동)이 개시되었

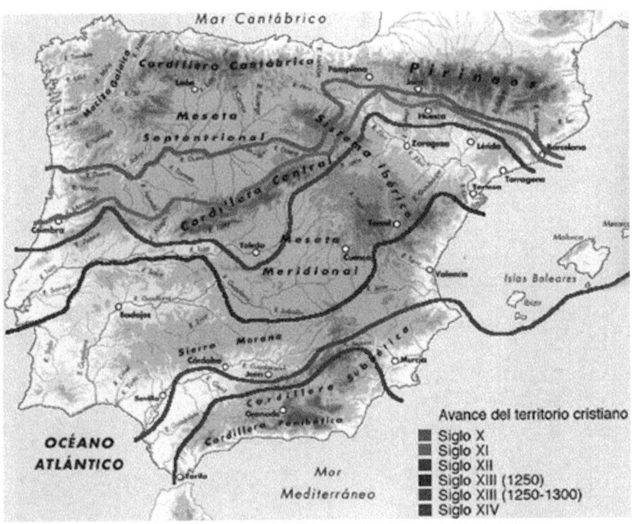

10~14세기, 기독교도의 재정복 활동에 따라 국경선이 남하하는 현상을 볼 수 있다.

으며, 1492년 그라나다를 마지막으로 함락시킬 때까지 꾸준히 지속되었다.

최초의 가톨릭 왕국으로 오비에도를 중심으로 성립된 아스투리아스 왕국은 서고트 귀족 출신의 돈 펠라요를 왕으로 추대하여 이후 아스투리아스-레온 통합왕국으로 발전하였으며, 10세기 초에는 두에로강 유역까지 영토를 확장하였다. 카스티야 왕국의 경우, 961년 백작령의 지위에서 독립한 후 레온과의 통합왕국을 거쳐 강력한 힘을 구축하고 국토회복운동을 주도하게 되었다. 카탈루냐 지역은 프랑크족에 속해 있던 이베리아반도의 동북부 지방에서 태동하였지만 봉건 영주들은 백작으로서 국왕에 맞먹는 권한을 행사하지는 못하고 있었다.

9세기에 독립한 나바라 왕국과 함께 아라곤 왕국은 이 지역의 패자로 등장하여 국토회복운동의 또 하나의 축을 담당하게 된다. 곧 10세기 초에 독립한 아라곤 왕국은 새로운 강자로서 인근의 바르셀로나 백작령을 통합하였고, 장기간에 걸쳐 계속되는 전쟁의 물자 운송을 위한 무역으로 상공업의 진흥과 함께 부르주아 계층이 성장할 수 있었다.

포르투갈 지역은 카스티야 왕국의 알폰소 6세가 자신의 사위에게 하사한 토지로부터 비롯되었으며, 12세기 초 무슬림 세력에 대한 저항과정을 거치며 왕국의 위상을 갖추게 되었다.

한편, 750년 다마스쿠스에서는 압바스 가문의 쿠데타가 발생하여 우마이야조의 마지막 칼리파 히샴의 손자인 압둘 라흐만이 홀로 목숨을 건졌다. 북아프리카로 건너가 베르베르인, 샴인, 예멘인들을 포섭하며 세력을 키운 그는 자신과 후손을 위한 독립기지를 구축하고자 이베리아반도에 대한 적극적 공략에 나서게 되었고, 마침내 756년 유수프의 군대를 격파하고 수도 코르도바에 입성하였다. 후기 우마이야조는 8대 군주 압둘 라흐만 III세(912~961)의 치세에 전성기를 구가하였다. 그는

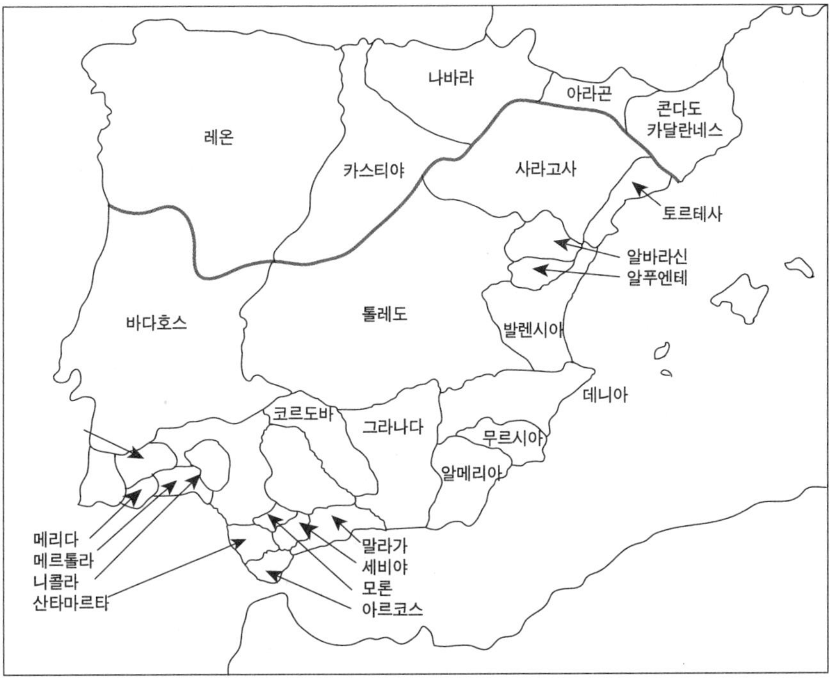

11세기 초반, 이슬람 세력의 분열과 함께 안달루스는 20여 개의 소왕국들로 분리되었다.

929년 안달루스에서 최초로 칼리파의 칭호를 사용하였으며, 정치적 안정과 문화의 융성에 힘입어 가장 높은 수준의 문명을 이룩하였다. 그러나 1002년, 정국의 실질적인 주도자였던 재상 만수르의 죽음은 왕국의 쇠퇴를 초래하게 되고, 결국 1031년에 여러 군소 왕국으로 분열되었다.

1085년, 카스티야-레온 왕국의 알폰소 6세는 톨레도의 재정복에 성공했다. 세비야의 알무으타미드와 바다호스의 알무타와킬을 중심으로 이슬람 군주들은 기독교 군대의 공격을 우려하여 마그립 지역의 무라비툰조(1053~1147)의 유수프 이븐 타시핀에게 원군을 요청하게 되었다. 이듬해에 유수프 군주는 이슬람 연합군을 동원하여 기독교인들을 격파하였으며, 안달루스 무슬림 군주들 간의 분열이 계속되자 중요 도시들을 점령하여 1090년부터 직접 통치하기에 이른다. 무라비툰조의 종말은 이슬람 개혁의 기치를 내세운 무와히둔조(1147~1269)의 반란을 통해 이루어졌다. 청교도적 이슬람 운동을 주도했던 무와히둔파의 지도자 압둘 무으민에 의해 1147년, 수도 마라케시가 함락되었고 점차 안달루스의 이슬람 소왕국들이 굴복하여 마그립 및 안달루스 지역은 통합되기에 이르렀다. 하지만 1212년 카스티야, 레온, 아라곤, 나바라 등 가톨릭 연합군에 의해 라스 나바스 데 톨로사 전투에서 참패를 겪고

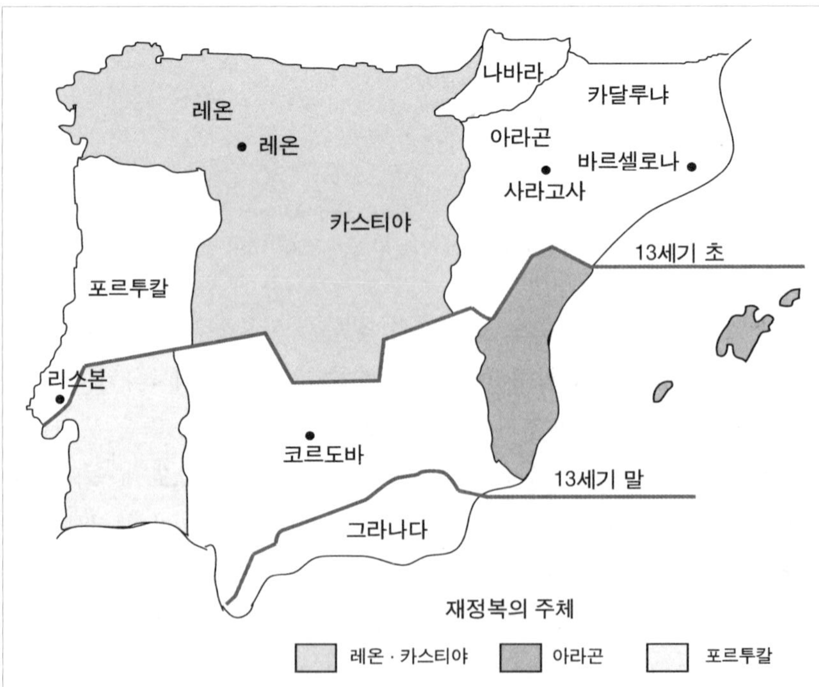

13세기 초반~후반의 국토회복운동에 의해 이슬람 세력은 그라나다 중심의 제한된 영역만을 통치하게 된다.

무와히둔조의 무슬림 군대는 아프리카로 퇴각했으며, 마그립에서 발생한 마린조의 반란을 통해 멸망하였다.

13세기에 들어서 안달루스의 이슬람 소왕국들은 더욱 강성해진 세력으로 압박해오는 기독교 왕국들에 의해 대부분이 점령당하게 된다. 카스티야의 성왕(聖王) 페르난도 3세는 국토회복운동에 박차를 가해 실질적 중심지 역할을 담당해왔던 코르도바(1236)와 세비야(1248)를 정복하였다. 이 결과로 무슬림 세력은 완전히 전의를 상실했으며, 안달루스의 일부 지역으로 내몰린 채 간신히 명맥을 유지하게 되었다. 이슬람 최후의 나스르왕국(1232~1492)은 이븐 아흐마르에 의해 그라나다를 수도로 창건되었으며, 기독교 군대의 세찬 공격을 받는 위태로운 지경에 놓여 있었다. 당시 이베리아반도는 중북부 지역의 레온-카스티야 통합왕국, 동부 지역의 카탈루냐-아라곤 왕국, 북부 산악지역의 나바라 왕국, 포르투갈 왕국, 이슬람 최후의 나스르왕국으로 분류된다.

가톨릭 교도들은 8세기 초에 성립된 아스투리아스 왕국을 필두로 다수의 기독교 왕국으로 각자 독립적으로 발전하게 되었다. 이미 나약한 서고트 왕국의 권위가 소멸돼 버렸기 때문에 각 지역의 실질적 통치자와 군사 지도자에게 지배권이 부여될 수 있었던 것이다. 이 시대의 기독교 왕국들에서 살펴볼 수 있는 통치 체제와 형태는 피레네 산맥 너머의 다른 유럽 지역과는 매우 상이하였다. 중세 유럽의 경우, 국왕의 권한이 미약하여 영주 및 기사계층과 쌍무종속적 관계를 맺어 정치 · 군사 · 경제권을 유지해야만 했다. 스페인 역시 유사한 경향을 보였지만, 국토재정복운동의 강력한 추진에 힘입어 봉건제의 점진적 쇠퇴와 왕권-시민계층의 결속 현상이 가장 먼저 일어났다.

중세 스페인의 경우, 봉건제도는 주된 논리적 근거가 되는 토지와 그 영지에 거주하는 농민을 다스리기 위해 필수적인 권력이 기독교 왕국,

이슬람 왕국 간의 국경선 이동으로 항상 불안정한 상태에 놓여 있었다.[7] 가톨릭 국왕들은 새로 획득된 경작지에 농민들을 이주시키고, 그들에게 토지 소유권과 함께 행정의 자치권 및 이동의 자유권을 부여하여 중세 유럽의 봉건주의와 자유농이 상호 공존하는 특이한 제도를 구축하였다. 이 결과 국왕의 직할 영지(Ciudad Real) 또는 자치권을 위임받은 도시(municipio)는 중세 귀족이나 기사들에 예속되어 있던 농민들이 봉건사회의 노역으로부터 탈출할 수 있는 도피처가 될 수 있었다. 여기에 더해서 신도시에 이주한 농민들은 조세를 국왕에게 헌납하게 됨으로써 군주제는 더욱 강성해지고, 중세의 봉건 영지에 토대한 귀족 · 기사 계급의 정치적 · 경제적 위상은 점차 위축될 수밖에 없었다. 이러한 정치적 위상은 이슬람 소왕국, 기독교 왕국들 간에 상호 공존하면서 세력 판도를 가늠하는 특이한 상황을 배태하게 되었다. 곧 서로 다른 종족과 언어 및 종교 체제를 갖고 있음에도 불구하고 가톨릭, 이슬람세력은 각기의 정치적 역학 관계와 경제적 이득에 따라 이합집산을 하게 되었던 것이다.

이처럼 8~13세기를 거치며 이베리아반도의 통치 체제는 다양한 변천사를 보여준다. 이슬람세력과 기독교세력은 상호 공존과 전쟁을 병행하는 가운데 자신들의 정치 형태를 유지 · 변형시켜 체제의 존속과 문화의 발전을 추구하였다. 안달루스의 정치적 위상 역시 끊임없는 전환기의 연장선상에 놓여 있었고, 서로 다른 인종 · 문화 · 종교를 지닌 반도내의 중세 스페인인들과 교류하는 양상을 띤다.

7) 안영옥, 『스페인 문화의 이해』, 고려대학교 출판부, 2000, 57쪽.

2. 중세 안달루스의 사회적 특성

서고트 왕국의 패망을 전후한 시기에 이베리아반도의 사회 현실은 복잡함 그 자체였다. 왕족과 귀족간의 치열한 다툼, 왕국 내부의 분열은 물론이고 기독교 내부의 정통 가톨릭파와 아리안파 사이의 갈등, 농노들의 소요행위, 유대인에 대한 가톨릭 강요는 심각한 상태에 놓여 있었다. 더욱이 게르만족, 라틴족, 유대인 등 사회 구성원들 간의 갈등은 점차 고조되고 있었다.

무슬림 아랍인들이 스페인과 포르투갈 지역을 점령한 이후, 안달루스는 반도의 거의 전부를 지칭하는 용어가 되었다. 안달루스의 아랍인들은 그곳의 자연에 매혹되어 이미 오래 전부터 들어와 있던 타민족과 쉽게 혼합되어 관습과 생활 방식 등에 영향을 받음으로써 독특한 특징을 만들어내는 한편, 동방 이슬람세계의 아랍인들을 모방하고자 하였다.

8세기 초반 이후 각기 다른 민족과 문화와 신앙을 지닌 다양한 인구가 안달루스 사회에서 스스로의 개성을 유지하며 상호 공존하게 되었다. 상류층은 소수의 아랍인들로서 반도 정복 후, 에브로강과 과달키비르강 계곡에서 제일 비옥한 토지를 차지하였다. 이들은 여러 가문들로 형성되어 항상 분쟁이 끊이지 않았고, 무슬림으로 개종한 자들에게 토지세 면세 등의 혜택을 주어 많은 사람들을 이슬람교도로 개종시켰다.

초기에 피정복민의 위치에 놓여 있었던 기독교도는 이슬람 체제와 신앙의 수용에 따라서 여러 사회계층으로 불리게 된다. 곧 '물라디에스'는 이슬람 체제에 순응하여 무슬림으로 개종한 기독교인들이고, '모사라베스'는 이슬람 문화는 수용하나 종교는 그대로 가톨릭을 고수한 사람들이었다. 무어인들 역시 국토 재정복에 나선 기독교도의 치하에서 이슬람 신앙과 전통성을 고수하거나('무데하레스'), 가톨릭으로 개종하게 되었다('토르나디소'). 또한 두 종교의 경계선상에는 '에나시아도'가 있었다.

유대인들 또한 '유대리아스'라는 자신들만의 거주 지역을 중심으로 전통 양식을 지키고 예배 의식을 치를 수 있었다. 티토 황제에 의한 예루살렘의 멸망(70년) 후 지중해 각지로 흩어진 유대인들 일부가 이베리아반도에 정착할 수 있었는데, 이들은 서고트 왕국 시절에는 박해의 대상이었지만 이슬람세력의 반도 침공 시에 많은 도움을 제공했던 관계로 무슬림 치하에서는 상당한 사회적 위치를 누릴 수 있었다. 유대인들은 자신들이 갖추고 있던 전문 기술과 지식에 힘입어 금융, 재정 업무 등 중상류 계층에 속해 있었다.

중세 안달루스 사회는 무슬림, 기독교도, 유대교도 등이 상호 공존하는 가운데 다양한 인적 구성과 계층 간의 분화를 보여주었던 시기였다.

안달루스 코르도바의 이슬람사원

코르도바 이슬람사원과 과달키비르강 다리

사회 계층의 구성원들은 정치적, 경제적 역학 관계를 통하여 그들 자신의 신앙과 전통문화를 유지 내지 교체할 수밖에 없었다. 하지만 7~8세기에 걸쳐 전쟁과 평화를 반복해가는 동안 점차 안달루스의 사회적 모습은 다양성, 포용성을 수용하며 유럽의 다른 기독교 국가나 이슬람권의 여타 지역과는 다른 독특한 양상을 보이게 되었다.

후기 우마이야조는 코르도바를 수도로 삼아 중세 내내 화려한 문명의 기치를 드높였다. 당시에 가장 앞선 문화 수준을 갖추고 있던 아랍계 안달루스인들은 자신들의 거점을 풍요하고 번성한 도시로 가꾸어 나갔다. 급속한 이슬람화가 진행되면서 코란과 아랍어 위주의 교육을 실시하고 역사, 지리, 수학, 과학을 가르치기도 했다.

압둘 라흐만 1세의 치세에 건축되기 시작한 코르도바의 이슬람사원은 이후 몇 차례에 걸쳐 증축되어 웅장하고 호사로운 모습을 안달루스 전 지역에 떨치게 되었다.

압둘 라흐만 2세는 이슬람사원을 화려한 궁전과 멋진 정원으로 만드는 한편, 산악지방으로부터 연결되는 수로를 건설하고 과달키비르강에 다리를 놓았으며, 지방 도시들의 개조와 함께 산업의 육성에 힘썼다. 또한 이 시기에 동방의 바그다드에서 문화사절로 건너온 지르얍은 안달루스 사회의 문화·예술 수준을 고양시키는데 기여하였다.

최고 번영을 구가하던 압둘 라흐만 3세는 메디나 사라('찬란한 도시'라는 의미)라는 방대한 궁전을 세워 「아라비안나이트」에 그 화려한 자취를 남겼다. 그가 통치하던 10세기의 코르도바는 유럽에서 가장 교양 있는 도시였다. 당시 유럽에는 3만 명을 넘는 도시가 적었던 반면에 이 도시의 인구는 50만 명에 달했다. 넓은 정원이 딸린 상층계급의 저택이 5만 호, 서민계급의 집이 10만 호, 모스크가 700개, 병원이 50개, 점포가 8만개, 대학과 고등학교가 도합 17개, 도서관이 70개, 공중목욕탕의 수는 900개에 달했다. 그리고 도로는 포장되어 우마차가 청소하였으며 밤에는 가로등이 켜져 있었다.[8)]

아랍인 상류 지배계층과 기독교 피지배계층, 유대인 등이 존재했던 초기 안달루스 사회의 모습은 재정복운동의 진전에 따라 급속히 변화해갔다. 곧 당시의 사회 실상에서 안달루스 지역은 기독교 세력과 이슬람 세력의 잦은 부침을 겪으며 다양한 인종, 언어, 문화, 사회 관습이 혼합되는 양상을 보였다. 아랍어의 무수한 어휘들이 안달루스 지역의 언어에 편입되어 다방면에 걸쳐 통용되었다. 지식인 집단은 물론이고

8) 안영옥, 앞의 책, 50~51쪽.

메디나 사라의 유적지

일반인들도 아랍어, 로망스어(모사라베어), 히브리어 등을 동시에 구사하는 이중어 또는 삼중어 사용자가 흔했고, 각각의 언어 역시 고전 아랍어 · 아랍 속어, 지역별 로망스어 등으로 복합적인 모습을 띠고 있었다.

반도 내부의 이질적 관습과 문화들이 서로 융합하는 가운데 동부 아랍의 여러 문화 현상이 유입되었으며, 국제도시의 위상을 갖춘 지역에는 이슬람권과 기독교권을 막론하고 뛰어난 학자 · 문인 · 예술가들이 모여 들어 상호활동을 벌였다. 안달루스의 비옥하고 풍성한 자연 환경과 자유로운 학문적 분위기는 개방적인 사회, 포용력을 함유하는 사회로 자연스럽게 이행되었다.

한편 안달루스의 경제적 발전은 후기 우마이야조의 성립에 뒤이은 정치적 안정이 기반이 되었다.

당시 안달루스는 농업과 어업이 중요한 위치를 차지하고 있었으며, 수공예와 가내공업의 진전과 더불어 국제적인 교역을 위한 상업의 기반이 구축되어 있었다. 이슬람 왕조는 세원 확충과 수출 신장을 위해 상업상의 편의를 제공하고 행정을 간소화시켰다. 그리하여 8~10세기에 안달루스의 교역은 지중해권, 이슬람권, 아프리카-마그립 등 3개의 거점 지역을 중심으로 진행되었고, 반도 북부의 기독교 통치 지역과는 육로로 연결되는 교역망을 갖추게 되었다.

그러나 타와이프 소왕국들의 시기로 접어들면서 안달루스 사회의 불안정은 기독교도의 진군과 병행하여 가속화되었다. 과도한 공물 징수로 인한 일반 민중의 저항 또한 계속되어 무라비툰조의 반도 침공이 이루어진 초기에는 새로운 침략자들을 환영하기도 했다. 이후 재정복운동의 위세 앞에 기독교 왕국에게 조공을 바치는 지역이 점차 증가하였다. 그런데 중소 규모의 가내 수공업 형태로 운영되는 곳에서는 각종 직물과 함께 수공예품, 상아 세공, 유리, 종이, 도자기 생산이 이루어졌다. 제품의 전문화에 힘입어 여러 분야에 걸쳐 수출이 신장되었으며, 특히 아프리카 왕조들과의 접촉으로 인한 마그립 지역 및 이탈리아를 위시한 기독교권 지역으로의 교역 확대가 두드러졌다.

이슬람 통치의 최후를 장식했던 그라나다 왕국의 시기에는 기독교 왕국 출신의 상인들이 빈번하게 출입하며 무역활동을 벌였다. 이들은 이슬람 군주로부터 신변 안전을 보장받고 도시, 해안 지역을 중심으로 활약하였다. 특히 12세기 이후 쇠퇴하기 시작한 알메리아를 대신하여 말라가 항구가 국제적인 교역을 담당하는 거점으로 성장하였다. 이러한 국제무역의 확대는 안달루스의 포용성과 개방성과 더불어 이베리아 반도의 문화가 융합문화의 특성을 띠게 되는 계기를 마련해 주었다.

3. 중세 안달루스의 문화적 특성

1) 안달루스의 융합 문화

스페인의 안달루스 지방은 아름다운 자연환경과 풍성한 자원, 그리고 온화한 기후와 접근이 용이한 지중해안을 갖고 있어 고대로부터 많은 민족이 동경하던 곳이었다. 이 지역은 기후가 온난하고 자원이 풍부하여 예로부터 타르테소스 문명[9]을 꽃피운 곳으로 이름이 높았다. 페니키아인들은 유럽의 최고(最古) 도시들로 꼽을 수 있는 카디스와 말라가를 건설하여 지역 거점의 구축과 함께 경제적 실리를 추구하였다. 이후의 시기에 들어온 그리스인들이나 카르타고 민족, 더 나아가 반도 전체를 정복한 로마제국 역시 안달루스의 자연 조건과 풍요로움을 높게 평가하였다.

이러한 사실은 아라비아의 사막 지역과 북부 아프리카 지방에서 살다가 정복을 위해 안달루스에 도착했던 아랍인들의 놀라운 찬사를 통해서도 확인된다. 당시의 역사서 『향기의 정원』에, "안달루스는 공기에서 샴과 같고, 온화한 점에서는 예멘과 같으며, 그 향료 산출에 있어서는 인도와 같고, 징세(徵稅)의 풍부함에서는 아흐와즈와 같고, 광물 보석 산출에서는 중국과 같으며, 해안의 유용성에서는 아단과 같다."고 하였다.[10]

---

9) 안달루스 과달키비르강 유역에 존재했던 것으로 알려진 청동기 후반~철기 초반의 문명. 특히 이 지역은 금과 주석, 유황의 산출이 많아 고대로부터 부유함의 상징이 되어왔다. 일부 성서학자들은 '타르테소스'를 구약성서에 나오는 '다시스'(열왕기 상 10장)로 인식하고 있다.

10) 김능우, 「안달루스 까시다의 차별적 주제 유형에 관한 연구」, 『아랍어와 아랍문학』, 7권 2호, 2003, 102쪽 재인용.

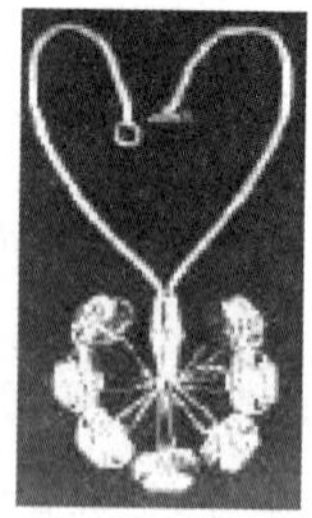

타르테소스의 화려한 금동장식과 장신구

8세기 초 무슬림의 안달루스 정복과 함께 이 지역의 다양한 문화는 융합의 용광로 속에서 더욱 찬란한 불꽃을 쏘아 올리게 된다. 당시 타 문화권에 비해 월등한 과학기술을 보유했던 아랍세계는 안달루스의 비옥한 농경지, 자유분방한 정서를 향유하며 경제적 부와 함께 유럽 최고 수준의 문화를 이룩하였다. 수공예, 직조, 유리, 도자기 제품들의 전문화에 힘입은 국제무역의 신장은 물질적 번영의 토대로 작용했으며, 무슬림 통치자의 문화 애호는 동부 아랍의 중심지로부터 우수한 학자와 예술가들을 흡인하는 요인이 되었다. 특히 후기 우마이야조가 압바스조와 대등한 정치적 위상을 확보하기 위해 경제적, 문화적 노력을 경주하던 시기에는 괄목할 만한 성장이 이루어졌다.

아랍 치하의 안달루스는 이전의 문화유산 - 이베로, 페니키아, 그리스, 카르타고, 로마, 서고트 등 - 과 더불어 이슬람세계의 풍성한 전통, 곧 그리스와 비잔틴과 페르시아 및 인도 문화를 수용하게 되었다. 소수에 불과했던 아랍 민족은 기독교계 안달루스인들과 평화 공존하는 방편으로 인두세와 부동산세의 면제 등 회유책을 사용하였고, 다인종간의 혼혈로 태어난 2세들은 이중어 · 삼중어를 구사할 수 있게 되었다. 전성기에 4만 명에 달했던 아랍인들의 거의 대부분은 독신 세대여서 현지 스페인 여성과 결혼하는 세태가 초래되었고, 그들 사이에서 태어난 2세들은 아랍어와 스페인어 2개 언어를 동시에 배우게 되었던 것이다.

이렇듯 고대로부터 융합 문화의 산실이었던 안달루스는 중세 문화의 교류와 수용에 적합한 지역적 특질을 갖추고 있었다. 곧 학문과 예술을 산출하기에 충분한 자유로운 분위기, 자연환경, 경제적 풍요와 더불어 문화를 향유하는 대중 계층의 성향을 반영할 수 있는 사회적 여건이 성숙되어 있었던 것이다.

2) 문화 교류의 역동성과 개방성

8세기 초반 무슬림의 안달루스 정착을 기점으로 아랍적 요소와 스페인적 요소는 강력한 결합 양상을 보였으며, 특히 유대인 거주지에서는 더욱 복합적인 모습을 띠게 되었다. 아랍인들의 언어와 사상은 물론이고 우수한 자연과학, 건축 양식, 예술 장르가 코르도바를 중심으로 이베리아반도 전역에 확산되었다. 무슬림 통치자들은 학문의 진흥과 적극적인 문물 교류에 힘썼으며, 외국어 학교를 설립하여 서로 다른 인종과 종교를 지닌 학자들이 협력하는 체계를 구축하였다. 당시의 코르도바와 13세기 중반의 톨레도는 명실상부한 국제도시로서 이교도를 포함한 당시의 저명한 학자들을 초청하여 학문 탐구와 저술 활동에 막대한 지원을 제공하였다.

중세 스페인의 역동적인 문화 교류의 실상은 건축에서 극명하게 확인할 수 있다. 메스키타는 785년에 건축하기 시작한 코르도바의 이슬람사원으로 동서양 예술의 완벽한 조화를 보여준다. 무슬림은 로마의 이중아치 구조, 도벨라양식[11]과 더불어 서고트의 말발굽 양식을 활용

11) '도벨라'(dovela) 양식은 동일한 크기의 하얀 색, 붉은 색 벽돌을 교대로 배열하며, 그 표면도 장식 부분과 비 장식 부분을 번갈아가며 연결시키는 아치이다.

이슬람사원의 도벨라 양식(코르도바)

하여 자신들의 칼리파 양식을 산출하였다.

세비야 대성당의 주탑인 '히랄다'는 종루 아래 부분은 북부 아프리카에 기원을 둔 무와히둔 양식이고, 그 윗부분은 르네상스 양식이다. 1184~1196년의 시기에 건축된 이 탑은 원래 무슬림에게 기도를 권유하기 위한 목적으로 세웠으며, 페르난도 3세의 세비야 정복 이후에도 이슬람사원의 본체와는 달리 훼손되지 않고 보존될 수 있었다.

12세기 이후, 재정복 운동의 진전으로 기독교 왕국의 지배를 받게 된 무어인들은 자신들의 건축 양식에 로마네스크와 고딕 양식을 가미시킨 무데하르 양식을 산출했다. 벽돌과 석고의 사용과 함께 벽면의 장식, 특히 창문이 폐쇄된 아치 형태에서 기독교의 건축 양식이 변형된 모습

스페인 최대 규모를 자랑하는 세비야 대성당의 히랄다탑은 건축양식의 탁월한 융합성을 극명하게 보여준다. 97.6m에 달하는 종루의 상층부까지 말을 타고 올라갈 수 있었다.

을 보여주는 무데하르 양식은 이슬람의 영향을 받지 않았던 스페인 북부를 제외한 광범위한 지역에서 나타난다. 이러한 무데하르 양식의 대표적인 건축물이 바로 13세기 중엽에 완공된 톨레도의 산티아고 델 아라발 성당 건물이다.

문화 교류의 역동성은 중세의 안달루스 음악을 통해서도 살펴볼 수 있다. 압둘 라흐만 2세로부터 3세로 이어지는 시기의 문화적 분위기는 스페인의 이슬람 문명의 금자탑을 이루었으며, 동부 아랍인 및 유대인 출신의 중요한 음악가, 예술가, 시인들이 안달루스 문화를 풍성하게 했다.

지르얍은 아랍-페르시아 체계를 본뜬 최초의 음악학교들을 코르도바에 설립하고 안달루스인들과 함께 동방의 고전학교들에서 교육받은

톨레도의 산티아고 델 아라발 성당

가수, 음악가들을 규합하는 한편, 이슬람 악기 '라우드(류트)'의 소개에 뒤이어 다섯 번째 현과 독수리 깃털로 된 악기용 골무를 발명하였다. 또한 안달루스 음악의 토대가 될 만한 수많은 멜로디를 작곡했고, '누바'[12] 같은 초기 단계의 조곡들을 쓰기도 했다.

12) 오늘날 마그립(모로코)에서는 안달루스의 고전음악 장르가 '누바'로 불리고 있다. 이 장르는 연주회의 구성과 유사하게 리듬적 구도에 따라 진행되며, 시들은 빛의 색조에 따라서 밤낮의 시간과 관계를 맺는다. 그러므로 육필 원고에 나타난 대로 누바를 하나씩 공연하는 일은 6시간 내지 7시간이 걸리는 기나긴 여정이다. 그래서 음악가들은 하나의 특정 상황과 분위기에 적절하다고 생각되는 노래들이 담겨있는 한 가지(누바)만을 선택하게 된다. 누바는 음악 작품과 성악 및 5개를 넘지 않는 악기를 결합시킨 것이기에, 일종의 조곡으로서 그 이름과 관련되는 주된 형식을 보여

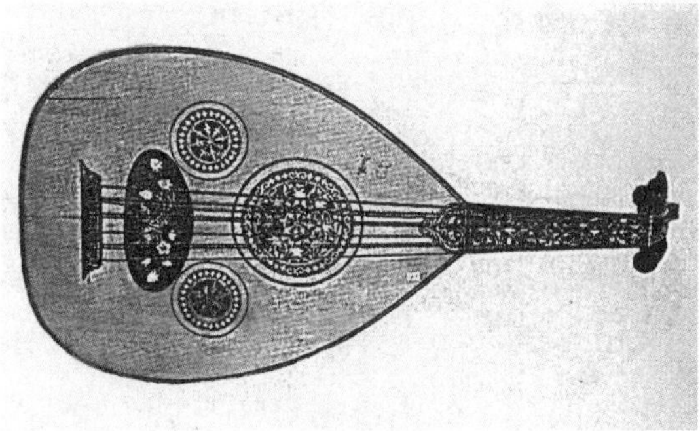

우드(류트)

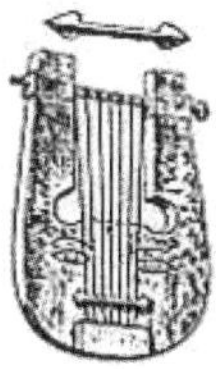

키타라
(Kithara)

아라비아풍의 기타,
라틴풍의 기타

〈영광의 현관〉에
표현된 악사들

원래 아랍 음악은 이슬람의 팽창 이전에 아라비아반도에서 불렸던 시와 마찬가지로 페르시아의 사산조와 옛 비잔틴 제국(4~6세기)의 음악적 전통들을 결합하고, 고대 그리스 철학자들의 저술을 통해 음악이론의 토대를 세웠다. 따라서 무슬림의 정복 이후에 전개된 안달루스 음악은 중동, 비잔틴, 페르시아, 그리스, 라틴 및 이베리아반도 지역의 영향들을 받았다고 할 수 있다. 이러한 사실은 중세 시기부터 스페인에서

준다. María Ángeles Bazalo Miguel, "La cultura literaria andalusí", http://www.juntadeandalucia.es/averroes/iesbajoguadalquivir/docu/ibnjaldun/ibnjaldum/segunda.htm.

가장 많이 언급되는 악기 '기타'를 살펴보면 명백해진다.

'키타라'는 그리스에서 출현하여 로마제국과 함께 비잔틴 문화권으로 확산되었다. 스페인에는 로마의 통치기에 '라틴풍의 기타' 형태로 도입되어 8세기 초반 무렵에도 존속되고 있었다. '아라비아풍의 기타'는 9세기 초에 지르얍에 의해 전래되어 안달루스 전역에 새로운 유행을 가져다주었다. 산티아고 데 콤포스텔라 성당의 〈영광의 현관〉에 표현되어 있는 아치 조형의 '기타 악사'에 관련된 부분은 12세기 기독교 왕국의 갈리시아 지방에 기타가 널리 유포되어 있었음을 증명해준다.

중세 안달루스의 음악적 요소는 다음과 같이 요약될 수 있다. "이오니아(옛 그리스의 지명)와 프리기아(소아시아의 옛 국가 명칭) 양식들은 비잔틴이나 그리스의 제례 노래에 영감을 주었고, 코르도바에서는 13세기까지 모사라베 교회를 통해 유지되었다. 초기의 인도 음악체계는 지르얍을 통해 전파되었으며, 화성(和聲)의 기교적 측면과 반복적이고 장식적인 스타일이 알려지게 되었다. 이슬람의 노래와 음악은 (중국-페르시아에서 유래된) '구전 음계'와 '리듬'이라는 새로운 음악 계통을 도입하는 기회가 되었다. 성가의 멜로디와 유대교회의 음악 체계는 9~15세기에 나타난다. 모사라베 민중 노래들은 자생적인 것으로 안달루스에 기원을 두며, 어쩌면 그것의 토대가 될 수 있는 '카디스 노래'의 외형과 리듬이 투영되어 있는데, '하르차'는 이런 유형에 포함된다. 모사라베스는 길거리의 춤 '삼라스' 혹은 '삼브라스'를 이끌었으며, 코르도바의 무슬림 왕들 앞에 자주 불려가기도 했다. 안달루스 음악이 지닌 다양성의 와중에는 아랍계-안달루스 민중의 고유한 노래와 춤(하르차스와 삼라스)이 상존하고 있었다."[13]

13) Ricardo Molina & Antonio Mairena, *Mundo y formas del cante flamenco*, Sevilla, Librería Al-Ándalus, 1971, pp. 25~34.

한편 초기의 무슬림 정복자들은 조세 · 공물의 부역을 조건으로 안달루스인들의 고유한 종교를 허용하였다. 후기 우마이야조의 성립에 뒤이어 아스투리아스 기독교 왕국과 휴전을 맺은 후에는 무슬림으로 개종한 기독교인, 유대인을 통합시키는 작업을 대규모로 벌이고 이슬람교도와 동일한 권리를 부여하였다. 이러한 관용적인 정치는 더욱 강화되었으며, 다양한 신앙을 지닌 민족들을 빠르게 복속시킬 수 있는 계기가 되었다. 신앙의 공존은 피정복 국가들을 확대하고 무슬림의 세계화를 추진할 수 있는 편이성을 부여했던 것이다.

이슬람의 안달루스 정복에 대한 부정적 인식과 함께 무슬림 정복자들의 무지와 야만성을 비판하고 있는 시각도 있다.[14] 하지만 아랍계 정복자들의 삶은 분명 더 이상 사막 유목민의 것이 아니었다. 비록 그들보다 좀더 세련된 피정복민들이 '낙타 운전꾼, 도마뱀 생식자들'이라고 조롱했지만, 아랍인들은 페르시아 양식이나 그리스 사상을 공부하는 데 주저하지 않았다. 이라크 · 시리아 · 이집트에서 아랍인들에게 정복당한 민족들은 수 세기 동안 물질적 · 정신적으로 고도의 문화수준을 향유했고, 그리스 철학과 그리스도교 신학도 자신의 것으로 소화했을 정도이다.

이슬람의 안달루스 피정복민에 대한 통치에서 발견되는 포용성과 관대함은 스페인의 중세 사회가 탁월한 융합 문화를 만들어내는 데 크게 이바지하였다. 소수의 정복민이 다수 민중을 다스려야 하는 형태는 부득이 개방성 · 관용성을 취할 수밖에 없었고, 그 결과 이질적인 종교와

14) Claudio Sánchez-Albornoz, *De la Andalucía islámica a la de hoy*, 2ª edición, Madrid, Ediciones Rialp, 1998, pp. 15~25, 51~52. 이 부분에서 저자는 무슬림 침략자들의 만행과 무지, 이슬람 군주의 방종과 비도덕적 언행 등을 밝히고 이슬람의 정복이 스페인의 북부 기독교 세계의 정신적 삶에 커다란 해악을 초래했다고 본다.

관습 및 문화를 아우르는 정신세계가 구축되어 상호 공존하게 되었다. 유대인 사회는 역설적이게도 거의 항상 개방적이었고, 그들의 거주지는 존중되었으며, 문화적 다원성은 스페인 지역에 영향력 있는 유산을 남길 수 있었다.[15] 또한 이러한 정신세계는 기독교 사회에도 동일한 반향을 끼쳤고, 12세기 말까지 아라곤·카스티야·나바라 전역에서는 지방도시의 특권법(fuero)이 유대인과 기독교인에게 공정하게 적용되었다. 관용 정신과 개방적 태도는 카탈루냐 출신의 그리스도교인이었던 라몬 율, 유대인 태생의 마이모니데스, 무슬림인 아베로에스 같은 인물의 대성으로 이어진다.

15) Javier Fernández Vallina, "La huella judía en la cultura española", en Angel Sáenz-Badillos(ed.), *Judíos entre árabes y cristianos*, Córdoba, El Almendro, 2000, p. 21.

3 안달루스를 통한 아랍문화의 유럽 전파

유럽은 르네상스를 거치면서 현대에 이르기까지 놀라운 과학문명을 주도하여 왔으며, 이러한 유럽문명의 근원이 된 것은 아리스토텔레스, 플라톤, 피타고라스, 유클리드, 히포크라테스, 갈렌 등과 같은 위대한 그리스의 지성들로부터 파생된 고대그리스 유산이었다.

그런데 유럽에 그리스 유산을 전달한 이들은 바로 아랍인, 페르시아인, 유대인 등 다양한 인종들로 구성된 아랍의 학자들이었다. 유럽이 그리스문명에 무지했을 때 아랍은 그것을 발견하고 발전시켰다. 아랍은 비잔틴과 아프리카뿐만 아니라 아시아, 고대 그리스 로마의 초기 문화 계승자로서 많은 부분을 보존하고 변화시켰으며 이전 시대의 혼합적 유산을 수용하였다. 그들의 문화적 · 정치적 경험은 중세 서유럽에 중대한 영향을 끼쳐 르네상스의 발전에 필수적 역할을 하였다.

불과 100년만에 인도와 소아시아에서부터 북아프리카, 유럽의 이베리아반도를 정복한 이슬람교도(무슬림)들은 방대한 영토와 더불어 비잔틴과 페르시아의 선진 문화를 수용하면서 그동안 대답할 수 없었던 수많은 문제들을 합리적으로 설명할 필요성을 느끼게 되었다. 무엇보다 합리적인 대답을 발견하기 위해서는 철학과 논리학을 필요로 했으며,

이러한 두 가지를 모두 갖추었던 유일한 문명은 바로 그리스였다.

중세에 그리스문명을 좀 더 잘 이해한 지역은 인접지역인 근동이었다. 알렉산더의 원정 이후, 콘스탄티노플에서 추방된 네스토리안 그리스인들과 시리아인들이 메소포타미아와 페르시아 준디샤푸르에 정착하였으며, 그들은 그곳에서 그리스 필사본들을 고대 시리아어로 번역하기 시작했다. 그리고 이슬람세력에 정복된 이후에는 이 모든 자료들이 아랍어로 번역되었다.

특히 9세기 초에 마으문(786~833)이 압바스조의 칼리파로 등극했을 당시 아랍의 학자들은 그리스 유산의 필요성과 효용성을 잘 알고 있었으며, 칼리파 마으문은 지식을 갈망하던 학자들을 적극적으로 후원하기 시작했다. 그는 수도인 바그다드에 특별 번역기관인 '지혜의 집'을 설치하고, 그 책임자로 네스토리우스 기독교도인 후나인 이븐 이스하크(808~873)를 임명하였다. 후나인은 무슬림, 기독교인, 유대인 학자들을 유능한 번역자로 채용함으로써 종교와 인종의 편협함을 초월하는 진정한 지적 협력의 혁신적인 본보기를 보여주었다. 그들은 철학뿐만 아니라 수학, 의학, 식물학에 이르기까지 모든 그리스의 학문들을 국제어인 아랍어로 번역하기 시작했다.

아랍의 학자들은 그리스 학문의 단순한 번역에 그치지 않고 해설을 덧붙이고 상세한 설명을 통해 점차 그리스의 지적 토대 위에 자신들의 독특한 학문을 창조하기에 이르렀다. 이처럼 아리스토텔레스, 플라톤, 유클리드, 헤라클레이토스, 갈렌 등 그리스 학문의 위대한 대가들과 작품들이 유럽에 전해진 것은 바로 지적 호기심으로 가득 찬 아랍의 학자들이 있기에 가능했던 것이다. 이후 근동에서 시작된 번역과 새로운 지식의 발견은 점차 시실리, 스페인, 모로코와 같은 서부 이슬람 지역으로 확산되었다.

한편 중세 유럽은 여전히 지적 암흑기 상태에 놓여 있었으며, 기독교 사상가들은 일찍이 무슬림들이 경험했던 비슷한 문제들에 봉착해 있었다. 무슬림들이 사도 무함마드(570~632)가 사망한 뒤 100년 내에 그들의 종교적인 교의를 건전한 지적 기초위에 올려놓은 반면, 기독교는 1000년의 시간이 걸렸다. 기독교 복음서에 의해 제기된 수많은 의문들은 무슬림들을 당혹스럽게 만들어 합리적인 해석을 필요로 했던 것과 비슷한 문제였다. 신이 무(無)에서 우주를 창조했나? 신이 직접 또는 매개체를 통해 창조했나? 인간의 영혼이 우주 영혼의 일부인가? 사망한 뒤 영혼이 개인적 완전체로 부활하는가? 등등.

기독교 철학자들은 13세기가 되어서야 그리스와 아랍의 저술들에 그

지혜의 집에 모여 토론을 벌이는 아랍의 학자들

아랍어 필사본에 나타난
아리스토텔레스의 토론하는 모습

해답이 있다는 것을 알게 되었다. 그런데 그들이 손에 넣을 수 있는 필사본들은 아랍어본뿐이었다. 심지어 아리스토텔레스에 대한 최고의 해설서조차도 알파라비(878~950), 이븐 시나(980~1037), 이븐 루슈드(1126~1198)의 아랍어 작품들뿐이었다.

13세기가 되면서 아랍문명은 서부, 즉 무어인들의 지배 하에 있던 모로코와 스페인에서 새로운 전환기를 맞이하였다. 이븐 하즘(994~1064), 이븐 투파일(1109~1185), 이븐 루슈드와 같은 위대한 학자들이 모로코나 스페인에서 활동을 했던 것이다. 스페인은 15세기 말 반도를 그리스도교 왕국으로 재통일한 후에도 유럽에 지적이고 예술적인 힘을 제공하였다. 이에 가장 큰 영향을 끼친 사상가는 '아베로에스'로 알려진 이븐 루슈드였다. 그는 기독교학에 일대 혁신을 가져왔으며, 그리스 사상들을 이해할 수 있는 주요 원천을 유럽에 제공하였다.

유럽에 전달된 아랍 학자들의 학설들은 철학, 수학, 천문학, 의학, 그 외 수많은 과학 도구들을 포함하고 있었다. 이들 덕분에 유럽 최고의 지성들이 과학적 객관적 태도를 점차 발전시킬 수 있었으며, 만일 이들이 없었다면 코페르니쿠스, 케플러, 갈릴레오, 뉴턴, 데카르트, 라이프니츠의 학문적 업적은 불가능했을 수도 있다.

이처럼 철학 외에도 의학, 천문학, 지리학, 수학, 광학 등 아랍이 유럽에 전해준 것은 거의 모든 학문 분야에 걸쳐 진행되었다.

① 철학

유럽은 오랫동안 존재의 다양성을 설명하기 위해 노력했으나 논리학에 대한 지식이 없었기에 실패할 수밖에 없었다. 또한 그리스문명과 아리스토텔레스에 대해 무지했기 때문에 그리스 유산을 직접 수용할 수도 없었다.

한편 무슬림들 또한 기독교인들처럼 신의 유일성, 우주의 다양성, 신의 완벽함의 다양성, 신의 불완전성 등과 같은 이슬람의 난제들을 설명할 방법을 고민하였으며, 그 가능성을 아리스토텔레스 또는 플라톤 철학에서 발견하였다. 이러한 그리스 유산들은 알렉산더의 원정 이후 페르시아에 정착한 네스토리우스 기독교인들에 번역된 고대 시리아어를 아랍어로 번역하면서 수용되었다. 또한 아랍인들은 그리스 철학을 수용하는 과정에서 다양한 과학 분야에도 관심을 갖기 시작했다.

무슬림들 중 처음으로 손꼽히는 위대한 철학자는 9세기 바그다드에서 활동한 알킨디(?~870)를 들 수 있다. 그는 종교, 정치, 과학을 망라하는 사상 체계를 발전시킴으로써 신앙과 이성을 이어주는 다리를 놓았다. 그는 철학, 물리학, 자연과학, 수학, 광학, 음악, 우주학 등 다양한 분야에 놀라운 재능을 보여주었다. 다음으로 아리스토텔레스 이후 두 번째 스승으로 알려진 알파라비는 아리스토텔레스와 플라톤 사상을 조화시키는 데 관심을 보였다. 또한 그는 코란과 플라톤 및 아리스토텔레스 철학의 타당성을 받아들이면서 둘 사이의 일치를 입증하기 위해 노력했다. 알킨디와 알파라비는 이슬람 철학의 기본 방향을 설정하는 데 많은 노력을 기울였다.

무엇보다 13세기 유럽 철학 발전의 시발점이 된 것은 11세기의 철학자이며 과학자인 이븐 시나(아비세나)이다. 이븐 시나는 종교뿐만 아니라 합리적 철학에 의해 제기된 근본적 의문들을 다루었으며, 그의 철학은 서구의 기독교 중세 신학과 철학의 주를 이루었던 스콜라 철학의 발전에 영향을 주었다. 토마스 아퀴나스(1224~1274)는 이븐 시나를 플라톤과 나란히 놓았으며, 형태와 물질과 같은 이븐 시나의 근본적인 이론들을 자신의 학설들과 혼합하기도 했다.

11세기의 법학자, 신학자, 철학자인 알가잘리 또한 기독교 철학에 큰 영향을 끼쳤으나, 기독교인들과 유대인들은 이븐 루슈드를 아리스토텔레스 이후 가장 위대한 철학자로 보았다. 그 결과 아베로에스 철학을 신봉하는 아베로에스이즘(averroism)이 유럽을 휩쓸 정도였다. 이후 모로코, 스페인 안달루스에서 시작되어 이탈리아를 거쳐 전 유럽에 도달한 이슬람 철학은 12세기와 13세기에는 유럽의 주요한 지적 교과서가 되었다. 16세기까지 이슬람 철학자들의 라틴어 판본들이 볼로냐, 파도바, 몽펠리어, 파리, 옥스퍼드 등의 대학들에서 정규과목으로 채택되었다. 교회는 아베로에스이즘을 이단으로 생각했으나, 학자들은 그것을 열심히 수용하였으며 결국 아베로에스이즘은 신학으로부터 독립적인 스콜라철학을 위한 주요한 동기가 되었다.

한편 이븐 시나의 영향은 이븐 루슈드보다는 다소 덜했으나 뿌리깊이 자리 잡았다. 성 아우구스티누스(354~430)의 가르침들이 이븐 시나 아우구스티니아니즘(Avicennaist Augustinianim)이라고 알려질 정도였으며, 그의 논리학은 서구 과학 발전에 지대한 영향을 끼쳤다.

유대인들 또한 무슬림의 철학적 지식에 열광적으로 반응했다. 유대인들은 이슬람의 지배 하에서 자유를 누릴 수 있었고, 토후들의 후원을 받으며 아랍어로 자유로이 학문 활동을 할 수 있었다. 이들 유대 학자들은 이슬람 철학의 주요한 전달자들이었으며 가장 열렬한 아베로에스이즘의 추종자들이었다.

르네상스 이후 유럽 학자들은 르네상스가 12~13세기의 이슬람학에 의해 영향을 받았다는 것을 잘 알고 있었지만, 19세기 말까지 정치적인 이유로 이슬람의 영향력에 대해 침묵으로 일관하였다.

② 수학

현재 우리들이 사용하고 있는 숫자들이 아랍 숫자라는 것은 누구나 알고 있는 사실이다. 그런데 유럽은 13세기가 되어서야 아랍 숫자를 사용하였으며, 그 이전에는 로마 숫자에 의존하였다. 1848이라는 아랍 숫자는 로마 숫자로는 MDCCCXLVIII라는 길고 복잡한 형태로 표기된다. 만일 유럽이 단순하고 유연성이 있는 아랍 숫자를 외면하고 복잡한 로

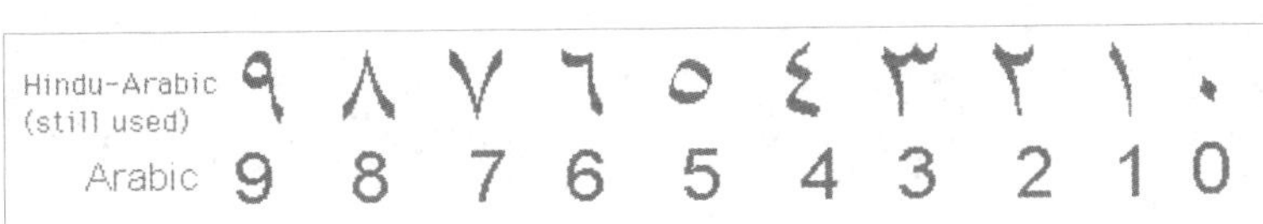

아랍숫자와 아라비아숫자

마 숫자를 고집했더라면 과학 발전은 불가능했을 지도 모른다.

아랍 숫자는 원래 인도에서 유래했지만 그것을 사용 가능한 체계로 만든 것은 아랍의 학자들이었다. 또한 영의 개념을 도입한 것은 아랍의 학자들이(873년) 인도인들보다(876년) 더 앞섰다.

한편 이슬람의 성서인 코란에는 가장이 사망했을 때 아이들에게 땅을 분배하는 것에 관한 정확한 규범이 언급되어 있다. 만일 아버지가 6명의 아들에게 17에이크의 땅을 유산으로 남겼다면 각각의 아이들에게 1/6의 땅을 정확하게 분배해야만 했던 것이다. 따라서 무슬림들은 그리스인들로부터 물려받은 수학 지식을 바탕으로 유산을 공평하고 정확하게 분배할 수 있는 방법을 연구했다.

이슬람의 성서, 코란. 코란은 610년부터 632까지 23년 동안 메카와 메디나에서 예언자 무함마드를 통해 계시된 알라의 말씀이 아랍어로 기록된 것이다.

무슬림들은 좀더 정확하고, 좀더 포괄적이며, 좀더 융통성이 있는 방법을 연구하였으며, 그 과정 속에서 알크와리즈미(780~845)가 대수학과 알고리즘이라는 두 용어를 고안하게 된 것이다. 그는 인도 숫자를 수용했으며, 천문학이나 지리학 또는 음악 이론에서도 선구자적인 작품을 남겼다. 특히 그가 중세의 수학적 사상에 끼친 영향은 중세의 어떤 학자들보다 훨씬 더 큰 것으로 평가된다. 그러나 알크와리즈미의 대수학의 사용은 매우 제한적이었다. 대수학은 많은 시간이 흐른 이후 4행시인 '루바이야트'의 저자로 알려진 우마르 카이얌(1040~1123)에 의해 더욱 발전되었다.

우마르 카이얌은 분석적 기하학을 사용함으로써 데카르트의 기하학을 앞질렀으며, 셀죽조(11~14세기) 술탄의 명령으로 페르시안 달력을 개량하였다. 이 달력은 5000일 동안 1일의 오차가 있는 반면 3300일에 1일의 오차가 있는 그레고리안 달력보다 더 정확했다고 한다.

한편 수학은 아랍인들의 의해 새로운 역동적인 특성을 획득했다. 예를 들면, 알비루니의 삼각법에서 숫자들이 기능의 요소들이 되었으며, 알크와리즈미의 대수학에선 대수학 상징들이 그들 내부에 무한의 잠재성을 내포하고 있었다.

이러한 발전은 수학과 종교 간의 직관적 일치를 보여주고 있다는 점에서 매우 중요하다. 코란은 우주가 마지막으로 창조된 것이 아니라 완전한 것이라고 말한다. 신은 계속해 그것을 매 순간마다 재창조하고 있는 것이다. 즉 창조는 중단 없는 하나의 과정이며, 세계는 정적인 것이 아니라 역동적이다. 이러한 역동적인 특성이 아랍 수학으로 실현된 것이다.

③ 천문학

오늘날 로켓을 달에 보낼 수 있는 수학적이고 천문학적인 지식은 케플러, 코페르니쿠스, 갈릴레오, 뉴턴 등에 의해 이룩되었다. 그러나 만일 수백 년 전에 아랍의 수학자들과 천문학자들이 기초 작업을 하지 않았더라면 불가능한 일이었을 것이다.

유럽이 아랍의 과학적 성취들을 인식하고 번역을 하기 시작한 것은 12세기가 되어서였다. 아랍을 연구한 유럽 최초의 센터는 스페인의 대주교인 라몬 율(1130~1150)의 영향력 하에 있던 스페인의 톨레도에 설립되었다. 그는 번역 학교를 설립하였으며, 이곳에서 알파라비와 이븐시나에 의해 해설되었던 아리스토텔레스가 라틴어로 번역되는 등 주로 철학에 집중하였다. 또한 유클리드, 프톨레마이오스(127~145 활동), 갈렌, 디오스코리데스(40~90), 위대한 아랍의 천문학자들, 화학자들, 식물학자들, 지도 제작자들에 관한 저술들이 라틴어로 번역되었다. 반면에 프레드릭 2세의 후원을 받아 1224년 나폴리 대학이 설립되었던 시실리에서는 아랍의 과학들을 두루 다루었다.

천문학과 지리학의 발전에 커다란 동기를 제공하였던 것은 바로 이슬람이었다. 이슬람 신도들은 매일 하루에 다섯 번 사우디아라비아 메카에 있는 카아바신전을 향해 기도를 했으며, 평생에 한번은 성지 메카를 순례하는 것이 의무였다. 따라서 정확한 기도 방향과 성지 메카의 방향 및 거리를 정확히 알 필요가 있었으며, 결국 천문학에 대한 정확한 지식이 요구되었다. 서쪽으로는 스페인 안달루스에서 동쪽으로는 중앙아시아와 인도에 이르는 방대한 제국에 거주하는 이슬람 신도들이 성지 메카를 순례하기 위해서는 몇 달 혹은 몇 년이 걸리기도 했던 것이다. 또한 매년 9월 한 달 동안 단식을 수행하는 라마단이 되면 일출시간과 일몰 시간을 정확히 알아야만 했다. 이러한 신앙생활이 천문학

사우디아라비아 메카의 카아바신전. 이곳은 모든 무슬림들의 예배 방향이며 성지 순례의 장소로서 아브라함에 의해 건설되었다고 한다.

과 지리학에 관한 정확한 지식을 필요로 했다.

초창기 아랍 천문학자들은 인도와 페르시아 원전의 영향을 받았다. 페르시아 사산조는 3세기에서 7세기 경에 광범위한 과학 연구, 특히 천문학과 의학을 지원했다. 그 후 압바스조의 만수르(754~775 재위)는 바그다드에 페르시아인, 인도인, 그리고 다른 여러 나라의 과학자들을 모으고 그들을 후원했다. 이후 칼리파 마으문 시대에 아랍의 천문학 연구가 본격적으로 시작되었다. 그는 팔미라에 특별 천문대를 설치하였으며, 그의 후원을 받은 과학자들에 의해 위도와 경도가 결정되었다.

수많은 아랍의 천문학자들 중 가장 위대한 천문학자로 알바타니(858~929)와 알비루니(973~1048)를 들 수 있다. 알바타니의 천문학표는

천문학자 알바타니

유럽에 채택되어 르네상스 때까지 사용되었다. 그는 삼각법에서 그리스의 익현을 정현으로 대신한 최초의 인물이었다. 그의 작품들은 12세기부터 16세기 중반까지 유럽에서 번역되고 출판되었다. 한편 알비루니는 가장 위대한 과학자들 중의 한 명으로 평가된다. 왜냐하면 그는 경도와 위도를 정확하게 확정했으며, 갈릴레오보다 600년이나 앞서 지구의 자전 가능성을 토의하였다. 또한 소리와 빛의 상대적 속도를 연구하였으며, 18개의 귀금속들과 미네랄의 특정한 비중을 성공적으로 결정하였다.

또한 아랍의 학자들은 천문학 도구들의 개발과 제작에도 선구자적인 역할을 담당했다. 특히 천체 관측 기구인 아스트롤라베는 중세와 초기 르네상스 시대에 쓰였던 중요한 계산 기구였다. 기원전 2세기경 그리스인들의 발명품으로 추정되는 아스트롤라베는 아랍의 학자들에 의해 그 기능이 현저히 향상되었다. 그 외에도 아스트롤라베를 간단히 개조한 사문의, 비관측용 기구인 천구의, 해시계, 천구의가 여러 형태로 발전되었다.

아랍의 학자들은 실수를 줄이기 위해서 이전에 알려진 것들보다 더 큰 도구들을 만들었다. 이러한 도구들 중 가장 유명한 것이 13세기 마라게에 세워진 관측기였다. 그곳에서는 무슬림, 유대교인, 심지어는 중국인까지 많은 나라에서 온 뛰어난 천문학자들이 공동 협력했다.

또한 9세기에는 알파라비가 천문학에 대한 최초의 개론서를 지었으

천체 관측 기구인 아스트롤라베

며, 11세기에는 자르칼리가 유럽 연구의 기초가 된 천문학 도표를 작성했다.

④ **지리학**

아랍에서 지리학의 발전은 천문학과 마찬가지로 이슬람교와 관련이 깊다. 무슬림들은 평생 동안 한 번은 의무적으로 메카를 순례해야만 했고, 방대한 제국의 각지에서 정해진 기간에 성지 메카에 도착하기 위해서는 정확한 도로 안내서가 필요했다. 또한 통치적 목적과 늘어나는 여행, 무역의 수요를 충족시키기 위해 고대 바빌로니아인, 사산인, 그리스인으로부터 지리학적 유산을 적극적으로 계승하였다. 무엇보다 지식에 대한 호기심과 열망을 가진 무슬림들은 방대한 제국 곳곳을 여행했으며, 많은 여행가들은 여행 중에 그들이 보았던 것과 경험했던 것들을 꼼꼼히 기록했으며, 이는 방대한 양의 지리적 데이터를 생산해내었다.

이러한 여행가들 중 중세의 가장 위대한 여행가로 인정되고 있는 사람은 이븐 바투타(1304~1368)이다. 그는 1325년 순례를 하기 위한 첫 여행을 떠난 이래 25년이라는 긴 기간 동안 지구의 거의 반을 돌았다. 이븐 바투타는 전문 지리학자는 아니었지만 수많은 지리학 자료를 수집하였다. 그 외에도 그는 방문했던 모든 지역들의 정치, 행정, 사회와 경제 상황을 자세히 기록했다. 한편 유럽은 19세기가 되어서야 이븐 바투타의 저서 『여행』(리흘라)를 접하게 되며, 이후 많은 언어로 번역되었다.

이븐 바투타의 『여행』이 최초로 인도, 중국, 러시아를 자세히 기록한 것은 아니었다. 10세기 초에 아부 자이드가 인도와 중국에 대한 많은 부분들을 최초로 언급하였으며, 이것은 마르코폴로(1245~1324) 이전의 가장 중요한 기록이었다. 921년에는 압바스조 칼리파의 명을 받은 이븐 파들란이 불가리아에 파견되었으며, 그는 불가리아와 러시아에 대한 최초의 기록을 남겼다.

한편 유럽은 12세기에 지리학을 포함한 아랍 과학의 우수성을 인식하기 시작했다. 그러나 아랍의 지리학이 유럽에 미친 영향은 수학이나 천문학에 비해 크지 않았다. 그들은 발렌시아 출신의 이븐 주바이르(1145~1217), 모로코인 무함마드 이븐 루샤이드, 페르시아인 알하라위와 같은 여행자들에 의해 기록된 여행안내서와 도로 안내서의 가치들을 강조했다.

그리고 많은 지리학자들은 식물에 대한 특별한 관심을 가졌고, 세상에 알려지지 않았던 수많은 식물들이 기록되었다. 가장 위대한 지리학자이며 식물학자로는 중세의 주도적 식물학자로 여겨지는 말라가의 이븐 바이타르(?~1248)를 들 수 있다.

아랍 지리학자들 중 유명한 인물로는 알마스우디(?~957), 알이드리시(1110~1165), 압둘라 야쿠트(1179~1229)를 들 수 있다. 바그다드 출신의 알마스우디는 10세기에 독특한 역사-지리학 백과사전을 편찬했다. 그것은 지리적 사실뿐만 아니라 진화에 관한 초기 이론과 같은 많은 학문들에 관한 정보를 포함하고 있다.

무엇보다 동서양의 지리학자들을 놀라게 한 이는 바로 모로코 세우타 출신의 알이드리시였다. 그는 세계지도 편찬을 계획한 노르만의 로저 2세의 초청으로 중세 최고의 지도로 평가받는 『로저의 서』(Roger's book)를 편찬하였다. 이것은 기독교와 이슬람세계에 대한 정보를 담고 있으며, 무엇보다 이전에는 기록되지 않았던 지역들을 묘사한 70여장

알이드리시의 지도의 북아프리카와 중동 지역 부분

의 지도를 포함하고 있다.

압둘라 야쿠트는 최초의 지리학 사전을 편찬했다. 그의 지리학 사전에는 노예에서 해방된 뒤 여행했던 수많은 지역들의 정보뿐만 아니라 천문학, 수학, 문법, 역사, 전기 등이 포함되어 있다. 그는 이 사전을 알파벳 순으로 배열함으로써 18세기 프랑스 학자들에 의해 고안된 백과사전의 선구자적 역할을 하였다.

사실 대부분의 지리학 지식들이 전문 지리학자들이 아닌 여행가들에 의해 수집되었기 때문에, 지리학과 천문학 간의 상호 협력은 거의 없었다. 여행가들은 그들이 방문했던 지역들에서 보았던 것들만을 사실적으로 묘사한 것이 아니라 전설이나 민담까지도 기록하였다. 그들은 아랍의 천문학자들이 낡은 이론이라 반박했던 프톨레마이오스나 페르시아-바빌로니아 지리학자들의 학설들을 믿었다. 그래서 그들은 지구를 7개의 기후대로 나누고 아시아를 아프리카의 동쪽 연장선상에 있다고 믿었다. 그러나 유럽인들과 달리 그들은 지구가 평평하다는 것을 더 이상 믿지 않았으며, 지구는 자전한다고 생각했다. 한편 아랍의 지리학자들이 지구의 중심을 메카라고 생각한 반면에, 그들은 지구의 꼭지점이 인도 어딘가에 위치하고 있다고 믿었다.

그리고 유럽인의 항해는 아랍의 지리학, 더 정확히 말하자면 아랍의 항해 지식에 도움을 받았다. 잘 알려진 바대로 1498년 최초로 인도를 발견한 바스쿠 다 가마(1469~1529)의 항해사는 아흐마드 이븐 마지드였다. 그는 유럽인들에게는 알려지지 않은, 아랍에서 제작된 훌륭한 지도를 가지고 있었고, 역시 유럽에는 알려지지 않은 항해 도구들을 사용했다.

⑤ 의학

아랍의 의학은 순전히 아랍인들만의 업적이 아니다. 아랍인, 페르시아인, 시리아인, 무슬림, 기독교인, 유대인 등 다양한 인종과 다양한 종교를 가진 사람들에 의해 이룩된 이슬람문명의 산물인 것이다. 8세기와 12세기 아랍어는 문화, 정치, 외교를 수행하는 국제어였다. 사실 대부분의 위대한 의학자들은 페르시아 출신들이다. 그러나 이들은 당시의 국제어인 아랍어를 사용하였으며, 아랍어로 기록된 서적들로부터 지식을 습득하였다.

유럽의 의학 발전은 아랍의 공헌 없이는 생각할 수 없는 상황이다. 왜냐하면 유럽 의학은 고대 그리스의 유산을 기초로 하고 있는데, 아랍어 번역들이나 아랍 학자들의 해설서를 통해서만이 그리스 유산과의 접촉이 가능했기 때문이다.

아랍의 학자들은 9세기와 10세기 사이에 그리스문명의 필요성을 인식하고 그들의 학문들을 번역하고 해설하기 시작했다. 그들은 그리스 의학의 대가들인 히포크라테스를 비롯하여 갈렌, 디오스코리데스, 파울(625~690), 오리바시우스, 루푸스의 작품들을 아랍어로 번역했다.

아랍의 의학은 예언자 무함마드의 언행록인 하디스에도 언급되어 있다. 하디스에는 정신적인 충고 외에도, 뜸질, 부항, 꿀벌의 투여와 같은 전통적인 치료법과 편두통, 안염, 늑막염, 나병, 페스트와 같은 질병들이 언급되어 있다. 또한 페스트가 기승을 부리는 나라는 방문을 삼가라는 충고를 하기도 했다. 기록된 아랍 최초의 의사는 예언자의 교우이며 페르시아 준디샤푸르 의학 학교의 졸업생인 하리스 이븐 칼라다였다.

이들은 환자의 신념을 이용했다. 왜냐하면 이슬람에서 신념은 배운 사람들의 지식과 보통 사람들의 삶 모두를 지배하기 때문에, 의사들은 정신과 물질의 일치를 잊지 않았으며 생물학적이고 심리학적인 수단들

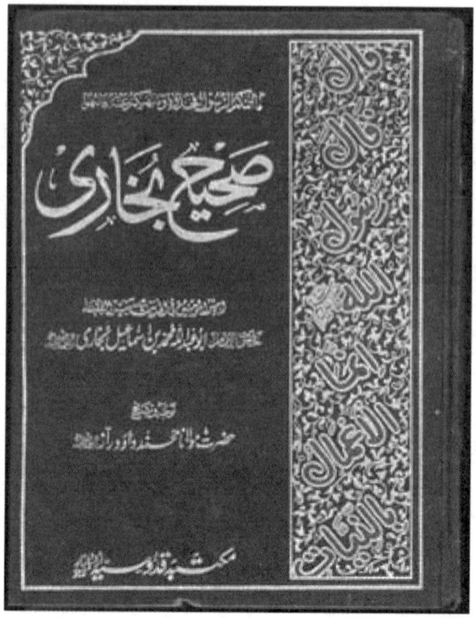

예언자 무함마드의 언행록인 하디스. 하디스는 코란 다음가는 이슬람의 제2법원이다.

만큼 환자들에게 활력을 주는 종교적인 힘에 의지하였다. 따라서 철학과 종교가 분리되지 않았던 것처럼 아랍 의학에는 오늘날처럼 정통 의학, 정신분석, 신앙요법과 같은 구분은 존재하지 않았다. 수학이나 천문학에서처럼 의학에서도 종교는 발전에 장애가 아니라 강력한 협력자로 작용했다.

아랍의 학자들은 인종과 종교가 다른 의학자들과 서로 협력했다. 또한 그들은 그리스, 인도, 페르시아, 아랍 등으로부터 획득한 광범위한 지식들을 환자를 치료하는 데 이용하였다.

유럽은 스페인 안달루스와 시실리를 통해 아랍의 학문을 열정적으로 수용하였다. 그 결과 16세기 말까지 유럽 대학의 의학 과정에서 이븐 시나가 채택되었다. 또한 파리(1110년 설립), 볼로냐(1113년 설립), 몽펠리에(1181년 설립), 파도바(1222년 설립), 나폴리(1224년 설립)의 의과 대학에서도 아랍 의학이 교육되었다.

아랍 최초의 위대한 의사는 유럽에 '라제스'로 알려진 알라지(865~923)(본명은 바크르 무함마드 이븐 자카리야)이다. 그는 20여권 이상의 저서를 남겼으며, 『천연두와 홍역에 관한 고찰』에서 최초로 홍역과 천연두를 진단하고 정확하게 기술하였다. 그의 가장 유명한 책은 동방과 유럽에서 사용되었던 25권의 의학 백과사전인 『총서』(al-Hawi)이다.

아랍에 의해 기술된 두 번째 방대한 의학 백과사전은 이븐 시나의 『의학정전』(Qanun)이다. 법학자, 철학자, 수학자, 자연과학자인 이븐 시나

이븐 시나의 『의학정전』 일부분

는 의학을 그의 다양한 관심사들 중의 하나로 다루었지만, 의학에 관한 16권의 저서를 남겼다. 그의 의학 백과사전인 『의학정전』은 그때까지 알려진 질병들과 치료법 그리고 그리스와 아랍의 권위자들에 의해 언급된 약물치료법을 포함하고 있어 그리스-아랍 의학의 최종 정전으로 여겨졌다. 이 책은 30여 본의 라틴어 판본과 여러 개의 히브리 판본으로 출판되었다. 그리고 15세기까지 유럽 대학의 거의 절반이 의학 교재로 채택하였다.

10세기 알마주시는 그의 책 『왕의 서』(Kitab al-malik)에서 모세조직에 대한 초보적 개념을 제시하였는데, 이것은 유럽보다 수백 년이나 앞선 것이었다. 같은 시기에 지리학자이며 사학자인 알마스우디는 『경고의 서』(Kitab al-Tanbih)에서 무기물에서 식물로, 식물에서 동물로, 동물에서 인간으로의 진화 과정을 언급함으로써 다윈의 선구자로 인정되고 있다. 이븐 알나피스(?~1288)는 폐병의 순환에 관한 기초 원리를 발견하였으며, 심실들 간에 정맥의 피가 통할 가능성에 대한 이븐 시나의 이론을 비판하였다.

한편 동부 아랍의 대표적인 의학자들이 대부분 페르시아 출신인 반면, 모로코와 스페인 안달루스의 아랍 서부에서는 아랍인들이 두각을 나타냈다. 이들 중 가장 유명한 이는 '아베로에스'로 알려진 이븐 루슈드이다. 그는 의사보다는 철학자로 더 유명했다. 그러나 그의 그리스와 아랍 의학을 요약한 『의학의 규범들』은 이븐 시나와 알라지보다 더 비평적이며 분석적이었다.

그리고 천연두, 콜레라, 페스트와 같은 전염병의 존재를 최초로 발견한 이들은 아랍인들이었다. 그러나 아랍의 학자들이 전염병을 확실하게 인식한 것은 14세기 유럽, 인도, 러시아를 강타한 페스트가 있은 이후였다. 이러한 성과를 이룬 이들은 그라나다 출신의 이븐 알카팁과 이븐 카티마였다. 이븐 알카팁의 유명한 의학서는 『페스트에 관하여』인데, 이 책에서 그는 전염병의 존재를 확실히 언급하고 있다. 또한 이븐 알카팁과 이븐 카티마는 전염병에 대한 최초의 임상 실험을 하기도 했다.

또한 아랍은 최초로 전문 의학학교를 설립하였으며, 이는 이후 유럽의 전문 의학학교의 기초가 되었다. 또한 최초로 병원을 설립하여, 질병에 따라 환자를 분리 치료하기도 하였다. 오늘날 우리가 알고 있는 병원은 1000년 이상 전에 아랍에서 처음으로 설립되었다. 최초의 병원은 압바스조의 칼리파 하룬 알라쉬드(786~809 재위) 통치 기간인 8세기에 설립되었으며, 그 뒤로 곳곳에 이와 비슷한 병원들이 차례로 생겨났다. 특히 카이로, 바그다드, 다마스쿠스 등지에 있던 전형적인 종합병원은 의료시설과 함께 부속 모스크, 신학교를 가진 경우가 많았다. 남성과 여성 환자들을 위한 분리된 병동이 있었고 외과계 질병, 정신질환, 전염병뿐만 아니라 내과계 질병, 안질환, 정형외과 환자들을 위한 개별적인 병동을 만들었다. 많은 병원들은 이슬람세계 전역에서 유능한 의사들을 유치했는데 이들은 수련의 관리자, 전문의, 개업의, 방문교수로서 활약했다. 치료 범위도 상당하여 진료소와 약국들은 광범위한 지역에서 전문적인 치료를 받을 수 있게 해 주었으며 이동중인 군대를 수행한 야전병원도 조직되었다.

의학적 연구와 치료 분야에서 아랍의 업적은 조제술의 두드러진 발전을 꼽을 수 있다. 약을 조제하는 조제술이 독립된 직업으로 등장하게 된 시기는 8세기 말이었으며, 17세기까지 이 분야에서 영향력을 발휘했다. 무슬림들은 예전부터 알려진 내복약에 많은 새로운 품목을 추가했으며, 최초로 시럽과 감미 음료의 제조를 발전시키고 완성하였으며 최초로 약국을 개설하기도 했다. 무슬림들의 약과 복합 치료 요법은 기독교세계와 이슬람세계 도처에서 인기가 있었다. 특히 이븐 알바이타르(?

~1248)의 『간단한 식이요법들과 약들의 모음집』은 천 개 이상의 각기 다른 항목들을 기술하고 있었으며 그리스와 소아시아부터 중국에 이르기까지 이전에 활동했던 수많은 과학자들이 기록했던 품목들과의 비교를 포함하고 있다.

사실 아랍은 그리스인들의 의학적 발견들을 단순히 유럽에 전달한 것이 아니다. 그들은 그리스인들의 지식을 번역, 해설하면서 얻은 지식을 바탕으로 더 많은 발견을 이루어냈다.

⑥ **기타 과학**

무슬림들의 창조성은 종교적 인식들과 관련이 깊다. 무슬림들은 우주를 살아있는 실체, 즉 알라의 보이지 않는 외투이며, 세계는 완성된 것이 아니라 계속 만들어지고 있는 과정이라고 생각했다. 따라서 무슬림 과학자들은 창조주와 밀접한 관련을 맺고 있는 모든 것들에 관심을 가졌다. 그래서 그들은 물, 수은, 불타는 촛불 등에 의해 움직이는 시계와 같은 자동장치를 만드는데 뛰어난 재주를 발휘했다. 왜냐하면 결과에 의한 움직임은 자연과 신의 힘 사이의 상호작용을 설명하기 때문이었다.

무슬림 과학자들은 시계들과 여러 종류의 자동장치를 만들었으며, 관련 서적들을 기술하였다. 리드완은 13세기에 그의 아버지가 만든 물시계를 기술하였으며, 807년 칼리파 하룬 알라쉬드는 서로마제국의 황제인 샤를마뉴 대제에게 물시계를 선물하기도 했다. 또한 그들은 왕자들이나 귀족들에게 인기가 있었던 기계 장난감을 만들기도 했으며, 9세기에는 자동인형을 제작하기도 하였다.

860년에는 항상 같은 수위를 유지하는 우물, 뜨거운 물과 차가운 물을 담는 특수 용기 등 수백개의 발명품들을 기록한 『걸작들의 책』이

한나라 시대의 나침반(BC 220년경)

출판되었다. 유명한 철학자인 킨디는 특정한 무게, 광학, 빛 반사, 조류에 관한 책을 기록하였으며, 이븐 시나는 산맥과 광물들의 형성에 관한 책을 썼다.

자석의 속성은 그리스인들이 발견한 것이며, 자석은 중국인에 의해 발견되었다. 그러나 9세기와 10세기 경 무슬림들은 자석 바늘을 항해에 적용함으로써 자석의 힘을 이용하는 법을 최초로 발견하였다.

광학은 의학의 한 분야를 구성하고 있었기 때문에 초기 무슬림들의 광학은 중세 유럽의 것보다 훨씬 우수했다. 따라서 수세기 동안 유럽은 아랍의 업적에 의존할 수밖에 없었다. 대표적인 작품으로는 '알하젠'이라고 알려진 바스라 출신의 이븐 알하이삼(965~1039)의 『광학의 책』(Kitab al-Manazir)이다. 이 책은 착시 현상, 눈의 구조, 두 눈의 시력, 원근법, 굴절, 혜성, 신기루 등에 관한, 유럽에는 알려지지 않았던 놀라운 사실들을 대거 포함하고 있었다. 무엇보다 이븐 알하이삼의 가장 중요한 발견은 시력의 본질이다. 그는 시력이 눈이 보고자 하는 물체에 보낸 빛에 기인한다는 유클리드와 프톨레마이오스의 이론에 반대하였으며, 오히려 물체에서 나온 빛이 동공을 통해 뇌로 전달된다고 생각했다. 이러한 이론은 로저 베이컨, 레오나르도 다빈치, 케플러, 데카르트에게 영향을 주었다. 히븐 알하이삼은 광학뿐만 아니라 수학, 생리학, 해부학, 기상학에도 큰 기여를 하였다.

또한 무슬림들은 기계적 동력과 수력 간의 상호관계와 이용에 관심이 많았다. 무슬림들이 물레바퀴(수차)를 발명했는지는 알 수 없지만 그것을 개량하고 발전시킨 것은 확실하다. 하마, 홈스, 안티옥, 오론테스의 수차를 본 십자군들에 의해 유럽에 소개되었으며, 독일에서 최초로 제작되었다.

무슬림들은 수력학과 정수학에도 관심을 기울였으며, 이후 유럽에 전파했다. 또한 알라지, 알비루니, 이븐 시나, 우마르 카이얌, 알카지니

시리아 하마의 수차

에 의해 금속이나 귀금속의 비중이 연구되었다. 그 외에도 무지개에 관한 과학적 설명은 10세기 이븐 알하이삼에 의해 이루어졌으며, 레오나르도 다빈치의 농담원근법도 이미 2세기나 앞서 카말 알딘에 의해 예상되었다.

한편 8세기부터 13세기까지 최소한 6세기 동안 국제 외교와 무역, 기술, 과학, 철학 등 국제어로 사용되었던 아랍어는 문학어이기도 했다. 따라서 아랍어로 기록되었던 문학 또한 유럽 문학에 커다란 흔적을 남겼다. 이므룰 카이스(?~550?)와 같은 이슬람 이전 시대의 유명한 시인들부터 압바스조의 거장들인 알마아르리(973~1057), 알무타납비(915~965)에 이르기까지 수많은 시인, 작가들이 유럽에 알려져 영향을 끼쳤으며, 그 무엇보다 『천일야화』의 영향력은 실로 엄청난 것이다. 유럽인들은 『천일야화』에서 유럽문학에는 없던 로맨스와 모험을 발견하였으며, 『로빈슨 크루소의 모험』이나 『걸리버 여행기』같은 작품이 영향을 받았다. 또한 세익스피어(1564~1616)의 『오델로』나 단테(1265~1321)의 『신곡』에 아랍의 영향이 깃들어 있다는 것은 이미 알려진 사실이다.

이처럼 아랍어의 영향은 순수 문학에만 국한되지 않았으며 역사편찬으로까지 확대되었다. 아랍 역사편찬과 사회학의 아버지로 일컬어지는 이븐 칼둔(1332~1406)의 『역사서설』(무캇디마)은 사회의 본질, 주거, 노동조건, 기후 등을 포함한 사회의 생성, 발전, 소멸과 관련된 수많은 주제들을 다룸으로써 통치자나 전쟁, 사건 등에만 관심을 가졌던 이전의 역사편찬 방식을 근본적으로 변화시켰다.

이상에서 살펴보았듯이, 나침반에서 컴퓨터에 이르기까지 유럽의 거의 모든 과학적 성과는 이슬람세계와 아랍어의 공헌 없이는 생각할 수 없다. 8세기 중반부터 11세기 말까지 이슬람세계는 세계의 중심이었으며 아랍어는 외교, 무역, 문화 등을 아우르는 국제어였다. 이슬람세계는 그리스 로마, 비잔틴, 페르시아, 인도 등 이전의 찬란한 문명들을 충실히 계승하였으며, 그 바탕 위에 독창적인 이슬람문명을 창조하였다.

이슬람은 많은 고민거리를 제공하였으며 학자들은 그리스 철학과 논리학에서 문제 해결의 길을 발견하였다. 이에 고대 시리아어로 번역되었던 그리스 유산들을 아랍어로 번역하기 시작했다. 아리스토텔레스와 플라톤을 번역하였을 뿐만 아니라 알파라비, 이븐 시나, 이븐 루슈드의 해설서들은 원전을 능가할 정도였다.

이집트 카이로의 아즈하르사원

아랍의 수학자들은 인도와 그리스의 수학적 유산들을 유럽에 전달했을 뿐만 아니라, 삼각법과 천문학의 많은 지류들을 발전시켰고, 대수학을 고안하였으며, 많은 천문학 도구들을 고안하였다. 천문학과 지리학 분야는 정확한 기도 방향과 보다 안전하고 빠른 성지 순례를 하기 위한 종교적인 필요성 그리고 모험을 좋아하는 여행가들에 의해 많은 여행 안내서와 도로 안내서, 지도가 제작되었다. 의학 분야에서는 고대 그리스의 유산을 번역, 해설하였으며 전염병 등 수많은 독특한 발견을 이루어냈다. 또한 최초로 전문 의학학교와 병원을 설립하였다. 그 외에도 광학에서 놀랄 만한 성취를 이루었으며, 수차, 수력학, 정수학, 금속의 비중, 무지개에 관한 과학적 설명, 농담원근법 등 이후 서구의 과학 발전에 커다란 공헌을 한 많은 업적을 이루었다.

또한 아라베스크 문양과 글자를 기하학적으로 사용하는 장식법, 아치양식, 미나렛 등 건축양식과 도자기와 유리공예, 양탄자 등에서도 이슬람문화의 영향을 빼놓을 수 없다.

이상에서 살펴본 바와 같이 이슬람세계가 유럽에 전해준 것은 단순히 그리스문명의 유산만이 아니었다. 그리스의 유산 전파를 넘어 이슬람문명의 독자적인 학문과 진리를 향한 열망에는 인종이나 종교의 한계를 초월한다는 객관적이고 건전한 지식의 원칙들 또한 포함된다. 이러한 것들이 바로 유럽의 르네상스를 유도했으며, 서구의 발전과 서구문명을 가능하게 만들었던 것이다. 결국 아랍 문화의 유럽 전파는 현대 유럽문화의 모태가 되었다.

참고문헌

김능우, 「안달루스 까시다의 차별적 주제 유형에 관한 연구」, 『아랍어와 아랍문학』, Vol. 7, No. 2, 2003.

김능우, 『아랍詩의 세계』, 서울, 명지출판사, 2004.

김세훈, 「자힐리야시대의 까시다에 관한 연구」, 한국외대석사논문, 1990.

김승기, 「중세 안달루스와 고려의 다중언어 혼용현상」, 『동서비교문학저널』 14, 2006.

김창수, 「아랍시와 중세 서반아시의 상호영향에 관한 연구」, 『서어서문연구』, Vol. 9, 1996.

김춘진, 「『佳戀之書 Libro de Buen Amor』에 나타난 아랍의 영향」, 『이베로 아메리카 硏究』, 창간호, 1990.

박철 편역, 『스페인 歷史 Historia de España』, 삼영서관, 1989.

박철, 『서반아 문학사』, 송산출판사, 1992.

버나드 루이스, 김호동 역, 『이슬람 1400년』, 까치, 2003.

사희만, 『아랍의 언어와 문학』, 조선대학교 출판부, 2000.

사희만 역, 『아랍문학사』, 민음사, 1995.

송경숙 외, 『아랍문학사』, 송산출판사, 1992.

신규섭 역, 『페르시아 소네트 신비의 혀』, 나남출판사, 2005.

신규섭, 『페르시아문화』, 살림, 2004.

안영옥, 『스페인 문화의 이해』, 고려대학교 출판부, 2000.

E. 에드슨 · E. 새비지 스미스 공저, 이정아 역, 『중세, 하늘을 디자인하다』, 이른아침, 2004.

바이다바, 이동은 역, 『칼릴라와 딤나』, 도서출판 강, 1988.

이븐 바투타, 정수일 역, 『이븐 바투타 여행기』 창비, 2004.

오마르 카이얌, 이상옥 역, 『루바이야트』, 민음사, 2000.

이종화, 「안달루스 아랍시와 초기 스페인 시에 대한 상호관계 연구」, 『외국문학연구』, Vol. 11, 2002.

잘랄루딘 루미, 이현주 역, 『모든 것을 사랑에 걸어라』, 꿈꾸는 돌, 2003.

임병필, 「아랍 까시다와 스페인 무왓샤하트의 상호 영향에 관한 연구」, 『외국문학연구』 제23호, 한국외대 외국문학연구소, 2006.

전완경, 「안달루스 무왓샤하트 발전과정」, 『아랍어와 아랍문학』 제7-2호, 2003.

최영길, 『이슬람문화』, 도서출판 알림, 2004.

플로레스 게레로 · 벨라르 외, 김수희 옮김, 『스페인 역사 *Spanish History*』, S.M. 출판사, 1993.

하워드 알 터너, 정규영 역, 『이슬람의 과학과 문명』, 르네상스, 2004.

A. F. L. Beeston, T. M. Johnstone, R. B. Serjeant and G. R. Smith ed., *Arabic Literature to the end of the Umayyad period,* Cambridge University Press, 1983.

Alan Jones, *Studies on the Muwassah and the Kharja,* Oxford University.

Balouch, Aziz, *Cante Jondo (su origen y evolución)*, Madrid, Ensayos, 1955.

Bazalo Miguel, María Ángeles, "La cultura literaria andalusí",

Benito Ruano, Eloy, "Convivencia de judíos y cristianos en la Edad Media. El problema de los conversos", en Angel Sáenz-Badillos(ed.), *Judíos entre árabes y cristianos*, Córdoba, El Almendro, 2000.

Burckhardt, Titus, *La civilización hispano-árabe*, 1ª reimpresión, Madrid, Alianza Editorial, Versión de Rosa Kuhne Brabant, 2001.

Carrasco, Juan et al., *Historia de las Españas Medievales*, Barcelona, Crítica, 2002.

Castro, Américo, *España en su historia*, Barcelona, Crítica, 2001.

Collins, Roger, *The Arab Conquest of Spain 710-797*, Oxford UK & Cambridge USA, Blackwell, 1994.

Crow, John A., *Spain: the Root and the flower*, 3rd edn., University of California Press, 1985.

F. Corriente, "Again on (partially) romance Andalusi Kharajaat", *Journal of arabic Literature, XXXIV,* 1-2, 2003.

Fernández Vallina, Javier, "La huella judía en la cultura española", en Angel Sáenz-Badillos(ed.), *Judíos entre árabes y cristianos*, Córdoba, El Almendro, 2000.

Franklin D. Lewis, "The rise and fall of a Persian refrain", *Reorientations/Arabic and Persian Poetry,* Indiana University Press, 1994.

Garulo, Teresa, *La literatura árabe de Al-Andalus durante el siglo XI*, Madrid, Hiperión, 1998.

González Palencia, Angel, *Historia de la Literatura Arábigo-Española*, 2ª edición revisada, Barcelona, Editorial Labor, 1945.

Ignacio Ferrando, "Andalusi Musammat some remarks on its stanzaic and meterical structure", *Journal of Arabic Literature, XXX,* 1999.

IGNACIO FERRANDO, "REVIEWS OF Hispano-Arabic Literature and the Early Provençal Lyrics", *Journal of Arabic Literature, XXXIII-I,* 2002.

J.A. Abu-Haydar, "Reviews of Hispano-Arabic Literature and the Early Provencal Lyrics", *Journal of Arabic Literature, XXXIII-I,* 2001.

John A. Haywood, *Modern Arabic Literature 1800-1970*, London: Lund Humphries, 1971.

Kattán-Ibarra, Juan, *Perspectivas culturales de España*, 2nd edn., Chicago Lincolnwood, National Textbook Company, 1997.

Lévi-Provençal, É., *La civilización árabe en España*, Madrid, Espasa-Calpe, 1982.

Lom Landau, *The Arab Heritage of Western Civilization,* Hawai: University Press of the Pacific, 2003.

M. M. Badawi, *Modern Arabic Literature,* Cambridge University Press, 1992.

M.M. Badawi, "From primary to secondary Qasidas", *Journal of Arabic Literature, XI,* 1980.

Mackay, Angus, *La España de la Edad Media: Desde la frontera hasta el Imperio (1000-1500),* 6ª edición, Madrid, Cátedra,

2000.

Macnab, Angus, *España bajo la Media Luna*, 2ª edición, Madrid, El Barquero, Traducción de Esteve Serra, 2005.

Mchling, Franz N., *España Guía artística en color*, León, Editorial Everest, 1984.

Molina, Ricardo & Mairena, Antonio, *Mundo y formas del cante flamenco*, Sevilla, Librería Al-Ándalus, 1971.

Otto Zwartjes, *Love Songs from Al-Andalus: History, Structure and Meaning of the Kharja,* Brill: New York, 1997.

Payne, Stanley G., *A History of Spain and Portugal*, Vol. 1, The University of Wisconsin Press, 1973.

Philip F. Kennedy, "Thematic Relations Between the Kharjas, the Corpus of Muwaăăaḥāt and Eastern Lyrical Poetry", 1991.

Reuben Levy, *Persian Literature: an introduction,* USA: Greenwood Press, 1923.

Roth, Norman, "Coexistencia y confrontación de judíos y cristianos españoles", en Angel Sáenz-Badillos(ed.), *Judíos entre árabes y cristianos*, Córdoba, El Almendro, 2000.

Sánchez-Albornoz, Claudio, *De la Andalucía islámica a la de hoy*, 2ª edición, Madrid, Ediciones Rialp, 1998.

Ugarte, Francisco, *España y su civilización*, 한국외대 서반아어과 교재편찬위원회, 송산출판사, 1991.

Watt, W. Montgomery, *Historia de la España islámica*, 3ª reimpresión, Madrid, Alianza Editorial, 2005.

맺는 말

지금까지 우리는 동양과 서양의 교류가 어떻게 진행되어 왔으며, 중세시대의 한반도와 이베리아반도가 바그다드라는 중앙아시아 실크로드의 중심지를 축으로 어떻게 교류해왔는가를 살펴보았다. 이것은 지역적으로 지구의 끝단에 있는 동쪽의 한반도와 서쪽 이베리아반도의 중세 시가의 유사성의 원인을 규명하기 위해, 이들 간에 간접적인 교류가 있었을 것이라는 가정을 입증한 작업이다.

동서양을 막론하고 고대 시가에는 음악이 반드시 동반되었기 때문에, 고구려시대에 당시 서역의 악기가 전래되었으며, 다양한 외래 악기의 수입으로 풍요해진 고구려 음악을 중국의 당에서 역으로 수입해서 연주했던 것이다. 이것은 한반도와 서역의 교류가 상당히 오래전부터, 중국을 통한 간접교류 외에도, 직접교류 형태로 자리 잡았음을 입증한다.

실크로드 전성기의 당나라 수도 장안에는 외국인들이 집단적인 거주지를 형성했고, 신라 또한 신라방을 설치했다. 서역, 페르시아, 인도, 심지어 로마사람들까지도 내왕하던 장안에서, 신라인들이 어떤 형태로나마 이들과 접촉했고 교류했음은 미루어 짐작할 수 있다. 이들의 교류는 문화의 교류를 낳았고, 문화 중에서도 음악은 가장 손쉽게 서로가 서로를 알 수 있는 장르였다.

일례로 당나라의 궁궐에는 여러 나라의 음악을 연주하는 악단이 있었으며, 이들 중에 서역음악만 연주하는 악단이 있었다는 사실은 당과 지리적으로 인접해 있던 한반도에도 서역적인 요소가 자리잡을 수 있었으리라는 것을 능히 짐작하게 하는 일이다. 특히 고려가 원 간섭기에 놓였을 때, 고려의 왕실과 귀족들은 원에 자주 내방하였고 그곳에서 원의 지지를 받던 이슬람(색목인) 문화를 접하게 되었다. 이후 이슬람세계와 고려의 인적 물적 교류는 문화 예술 전반으로 그 영향력을 확대하였고 결국 고려 궁중 음악에서 이국적인 요소가 뿌리를 내리게 된 것이다.

한편 서기 7세기에 발흥한 이슬람교는 페르시아, 인도, 아라비아반도와 북부 아프리카를 거쳐 유럽의 이베리아반도로 세력을 확장하며, 제국을 건설해서 15세기까지 맹위를 떨쳤다. 이베리아반도의 코르도바는 서칼리프 제국의 수도로 자리 잡았으며, 안달루스지방은 그리스도교도, 유대교도, 이슬람교도들이 공존하는 국제적인 지역으로 탈바꿈했다. 이들은 인도의 철학, 수학, 페르시아의 문화를 융합하고 그리스 문화를 자신의 것으로 소화하면서 철학, 수학, 천문학, 지리학, 의학, 자연과학, 문학과 같은 모든 분야를 발전시키고, 이러한 문화를 이베리아반도를 기점으로 유럽에 전파했다. 일례로 3세기에 산스크리트어로 씌어진 인도의 우화인 『칼릴라와 딤나』는 아랍어를 거쳐 스페인어로 번역되어 유럽으로 전파되었다. 뿐만 아니라, 이슬람교도들은 원대의 색목인 우대정책으로 중국에도 영향력을 확대했으며, 한반도에까지 진출해서 정착했다. 가히 중세는 세계 교류의 중심에 섰고, 학문적 문화적 우위를 점했던 이슬람권의 시대였다 해도 과언이 아닐 정도이다.

이로써 역사적으로 한반도와 이베리아반도가 서로간의 직접적인 교역, 교류는 없었다 해도, 아랍인 혹은 서역인을 통한 간접적인 교류가 있었다는 것은 충분히 입증된 셈이다. 또한 서역의 음악이 고구려시대부터 한반도에 영향을 주었으며, 중국의 송사, 원곡이 한반도에서 시가로 수용될 수 있었음도 충분히 입증이 된 셈이다.

문화교류에 관한 소장학자들의 규명작업은 이것이 끝이 아니다. 그들은 이제 시문학교류, 특히 고려가요와 이베리아반도의 서정시의 상관관계, 영향 수수관계를 규명할 것이다. 한국 문학사에 하나의 섬으로 떠있는 고려가요는 그 대부분이 작자 미상이다. 이것은 귀족 계급의 문학과 달리 고려가요의 주체자가 민중이었을 가능성을 제시하는 것이며, 따라서 굳이 감정 표현을 절제할 필요가 없었을 것이다. 그 결과 남녀간의 사랑이 주제를 이루며, 이별을 노래하고 후렴을 붙여 노래하기에 알맞은 시가가 탄생한 것이다. 이베리아반도의 서정시 역시 작자 미상이다. 엄격한 계율이 지배하던 이슬람 사회에서 노골적이고 적나라한 남녀간의 사랑을 노래한다는 것은 위험하기 짝이 없는 시도였을 것이다. 이들 가요 역시 고려가요처럼 후렴구가 따르는 것이 특징이다. 두 시가를 비교함에 있어 소장학자들은 이들 시가와 유사한 페르시아의 시가가 있음을 발견했다. 가잘이라 불리는 이 시가는 이슬람이 시작되기 전부터 씌어지기 시작했으며, 이슬람의 도입 이후에도 지속적으로 발전되었고 이것이 이베리아반도의 서정시인 하르차에도 영향을 준 것이다. 가잘이라는 사슴의 뱃속에 자라는 향초를 꺼내기 위해 사슴의 배를 가를 때, 사슴이 고통에 겨워 내는 소리처럼 애절해야 한다는 데에서 유래한 이 시가는 현재까지도 많은 이들의 사랑을 받고 있다.

음악이나 무용과는 달리, 언어를 매개로 하는 시가의 비교에는 한계가 있겠으나, 이들 소장학자들의 작업이 분명 아직도 논란이 분분한 고려가요 연구에 새로운 이정표를 제시할 것으로 기대한다.

찾아보기

고혜선(단국대학교 아시아아메리카문제연구소 소장)
김명준(문학박사, 한국고전문학)
김승기(문학박사, 스페인문학)
김철웅(문학박사, 역사학)
윤선미(문학박사, 스페인문학)
임병필(문학박사, 아랍문학)

중세 동·서 문화의 만남

펴낸곳 _ 단국대학교출판부
등 록 _ 1968.2.27 : No. 제03-00095호

주 소 _ 경기도 용인시 수지구 죽전동 126번지
전 화 _ 031-8005-2405 팩 스 _ 031-8005-2406

2008년 6월 20일 초판 인쇄
2008년 6월 25일 초판 발행

인 쇄 _ 신양사

[값 8,000원]

Published by Dankook University Press

printed in Korea

ISBN 978-89-7092-407-6 94900
ISBN 978-89-7092-406-9 (세트)